Marshall B. Rosenberg

Giraffensprache

Gewaltfreie Kommunikation im Alltag

www.junfermann.de

blogweise.junfermann.de

www.facebook.com/junfermann

twitter.com/junfermann

www.youtube.com/user/Junfermann

www.instagram.com/junfermannverlag

MARSHALL B. ROSENBERG

GIRAFFENSPRACHE

GEWALTFREIE KOMMUNIKATION IM ALLTAG

Aus dem Italienischen von Petra Quast

Junfermann Verlag
Paderborn
2021

Copyright	© der deutschen Ausgabe: Junfermann Verlag, Paderborn 2021
Originalausgabe	*Il Linguaggio Giraffa* © Esserci Edizioni 2012 www.centroesserci.it
Übersetzung	Petra Quast
Coverfoto	© Marianne Purdie – iStock
Covergestaltung / Reihenentwurf	Junfermann Druck & Service GmbH & Co. KG, Paderborn
Satz & Layout	Junfermann Druck & Service GmbH & Co. KG, Paderborn

Bibliografische Information der Deutschen Nationalbibliothek

Die Deutsche Nationalbibliothek verzeichnet diese Publikation in der Deutschen Nationalbibliografie; detaillierte bibliografische Daten sind im Internet über http://dnb.d-nb.de abrufbar.

ISBN 978-3-7495-0104-5

Dieses Buch erscheint parallel als E-Book.
ISBN 978-3-7495-0266-0 (EPUB), 978-3-7495-0268-4 (PDF), 978-3-7495-0267-7 (Kindle).

FSC www.fsc.org
MIX
Papier | Fördert gute Waldnutzung
FSC® C013205

Vorbemerkung:

Dieses Buch basiert auf verschieden Seminaren mit Marschall B. Rosenberg. In Reggio Emilia stellt er einem begeisterten und enthusiastischen Publikum die Grundlagen der Gewaltfreien Kommunikation (GFK) vor und zeigt, wie man sie im Alltag anwenden kann.

Hinweis: Um Unterschiede in der Kommunikation zu veranschaulichen, nutzt Marschall Rosenberg an einigen Stellen Handpuppen: eine Giraffe und einen Wolf. Außerdem arbeitet er mit auf Haarreifen montierten Wolfs- und Giraffenohren.

Inhalt

1. Einführung

1.1 Zwei Arten der Kommunikation

Ich bin sehr froh, dass Sie bereit sind, mir etwas von Ihrer Zeit zur Verfügung zu stellen. Ich möchte einen Kommunikationsprozess mit Ihnen teilen, von dem Sie bereits gehört haben: die Gewaltfreie Kommunikation bzw. die Giraffensprache. Es handelt sich um eine Art der Kommunikation, die für mich mit jedem Tag wertvoller wird, und ich freue mich sehr, dass mir Menschen aus der ganzen Welt sagen, dass sie auch ihnen hilft. Ich möchte Ihnen zeigen, worum es sich bei der GFK handelt und wie man sie in verschiedenen Kontexten anwenden kann. Ich werde Sie um Beispiele alltäglicher Situationen aus Ihrem Leben bitten, von denen wir einige auswählen werden, die echte kommunikative Herausforderung darstellen. So haben Sie die Chance, das Modell in die Praxis umzusetzen.

Zu Beginn möchte ich Ihnen etwas über mich selbst erzählen und erklären, wie es dazu kam, dass ich mit der Entwicklung dieses Kommunikationsmodells begonnen habe.

Was mich interessiert, ist eine bestimmte Art des Gebens und Nehmens, die jeder von Ihnen sicher schon kennt. Ich kann mir auch gut vorstellen, dass Sie diese Art der Kommunikation, um die es hier gehen soll, auch heute schon verwendet haben. Ich denke an eine Art des Gebens und Nehmens, bei der man nicht klar sagen kann, wer gibt und wer empfängt, eine Situation, in der beide Menschen den Austausch zu genießen scheinen. Vielleicht hat Ihnen zum Beispiel heute Morgen jemand Frühstück gemacht und es hat Ihnen geschmeckt. Der andere hat gemerkt, dass es Ihnen gefallen hat, und die Zeit, die er mit dieser Arbeit verbracht hat, war angenehm für ihn, denn ihn motivierte die Gelegenheit, Ihr Leben zu bereichern.

Das Frühstück könnte auch aus anderen Gründen zubereitet worden sein. Vielleicht haben Sie z. B. gesagt: „Wenn du mich wirklich liebst, würdest du mir Frühstück machen“, und die andere Person hat geantwortet: „Ich bin sehr müde, mir wäre es lieber, du würdest es dir selbst zubereiten.“ Eine Weile saßen Sie schmollend da und am Ende hat der andere Ihnen das Frühstück gemacht, aber nicht mit der gleichen Freude, über die wir vorhin gesprochen haben. In diesem Fall ist die Motivation ein Schuldgefühl, und wenn das der Fall ist, müssen Sie später dafür bezahlen, und es wird ein sehr teures Frühstück.

Oder Sie haben auf noch eine andere Art und Weise gefrühstückt. Vielleicht haben Sie gesagt: „Entweder du machst mir Frühstück oder du wirst es bereuen." Und Sie sind alt genug, um den anderen leiden zu lassen, wenn er nicht tut, was Sie sagen. Oder Sie sind vielleicht derjenige, der die Kontrolle über das Geld hat. Wenn die andere Person kein Frühstück macht, geben Sie ihr auch kein Geld. Wenn Ihr Frühstück aus diesen Gründen zubereitet wurde, werden Sie einen sehr hohen Preis dafür bezahlen.

Die erste Art des Austauschs tut allen gut, und es ist diese Art des Austauschs, die mich interessiert. Wer gibt, hat Freude am Geben, und wer empfängt, hat Freude am Empfangen. Es gibt nichts zu bezahlen, und die Beziehung zwischen den Menschen verbessert sich. Und doch lassen wir uns, obwohl wir es besser wissen, in andere Spielarten hineinziehen und nutzen oft Angst, Schuld und Scham, um das zu bekommen, was wir wollen. Dies führt immer zu Gewalt zwischen Menschen. Sie muss nicht unbedingt physischer, sondern kann auch psychischer Natur sein und gibt den Menschen das Gefühl, nicht gewürdigt zu werden, was wiederum dazu führt, dass sie sich gegenseitig verachten.

Wie kommt es, dass wir uns so oft in diese Art der Kommunikation hineinziehen lassen?

Es gibt Menschen, die sich auf diese Art von Beziehungen nicht einlassen, d. h., sie benutzen weder Angst noch Schuld oder Scham, auch wenn andere um sie herum auf diese Weise interagieren. Diese Menschen verlieren niemals das Bewusstsein für das, was ich eine wirklich menschliche Art der Beziehung nenne. Ich möchte verstehen, was diesen Menschen hilft, sich jederzeit auf diese menschliche Art der Kommunikation zu besinnen. Meine Großmutter zum Beispiel war ein solcher Mensch. Selbst wenn andere um sie herum gewalttätige Kommunikationsformen verwendeten, behielt sie ein gewisses Bewusstsein für die menschliche Art der Kontaktpflege bei und blieb dieser Vision treu.

Ich bin sicher, dass jeder von Ihnen jemanden kennt, sogar in der eigenen Familie, der diese Art der Kommunikation nutzt. Ich habe solche Menschen studiert und festgestellt, dass sie eine andere Sprache sprachen als ich damals, dass sie zu allen Zeiten diese andere Art der Kommunikation in ihren Köpfen kultivierten. Mir wurde Wolfssprache beigebracht, die es sehr schwierig macht, auf menschliche Weise zu geben und zu empfangen, weil die Wolfsdenkweise den Geist mit anderen Prozessen beschäftigt.

Wenn Sie Wolfssprache sprechen, versuchen Sie zu verstehen, ob das, was eine Person gesagt hat, richtig oder falsch ist, ob ihr Verhalten angemessen oder unangemessen ist, ob sie sich richtig oder falsch verhält. Ständig analysieren Sie sich selbst und andere Menschen und fragen sich, wer eine Belohnung und wer eine Strafe verdient, und je mehr wir unseren Geist mit dieser Art von Gedanken beschäftigen, desto schwieriger wird es, auf menschliche Weise zu geben und zu empfangen.

Menschen, die so leben, wie ich leben möchte, sprechen Giraffensprache, ihr Geist ist nicht voller Urteile und Kategorien. Sie fragen: „Wie geht es dir?“ und nicht: „Was bist du?“

Meine Großmutter zum Beispiel war sehr arm und hatte neun Kinder. Eines Tages kam ein Mann an ihre Tür, er war zerzaust, hatte einen langen Bart und seine Kleidung war schmutzig. Einer meiner Onkel sagte mir, er habe sehr unangenehm gerochen. Dieser Mann sagte, er sei hungrig und wolle etwas zu essen haben. Er trug ein Kupferkreuz um den Hals. Während meine Oma ihn mit Essen versorgte, fragte sie ihn nach seinem Namen. „Mein Name ist Jesus“, antwortete er.

„Und Ihr Nachname?“, fragte sie. „Jesus, der Herr.“ „Und wo wohnen Sie?“ „Ich habe kein Zuhause.“

„Wo werden Sie heute Nacht bei der Kälte schlafen?“ „Ich weiß es nicht.“

Sie fragte ihn, ob er bleiben wolle. Er blieb sieben Jahre lang.

Sehen Sie, meine Großmutter sprach keine Wolfssprache, denn in diesem Fall hätte sie ihn als schizophren, gefährlich und böse klassifiziert. Sie sprach Giraffensprache, also überlegte sie, wie es diesem Menschen wohl ginge: Wenn ein Mensch hungrig ist, gibst du ihm zu essen, wenn er keinen Platz zum Schlafen hat, gibst du ihm einen. Das ist Giraffensprache, Sie denken nur an das Leben, Sie sind an einem lebendigen Austausch interessiert: „Wie geht es mir?“ Oder: „Was könnte man tun, um das Leben schöner zu machen?“ „Wie geht es Ihnen und was würde Ihr Leben schöner machen?“ Wen kümmert es, was wir sind? Was spielt das für eine Rolle?

Wie geht es uns und was können wir tun, um das Leben schöner zu machen?

Als ich diese Sprache verstanden hatte, wusste ich: Das ist es, was ich lernen will. Aber das war nicht leicht, denn mir war eine Sprache des Verstandes, des Kopfes beigebracht worden, eine Sprache, die behauptet zu wissen, wer und was jemand ist. Die Giraffensprache jedoch ist eine Sprache des Herzens.

Als ich Wolfssprache sprach, wusste ich nicht einmal, dass ich ein Herz hatte, mein Kopf war so damit beschäftigt zu analysieren, wer und was die Leute waren, dass ich nicht wusste, wie ich mit den Gefühlen in meinem Herzen in Berührung kommen konnte, und so war es eine große Herausforderung für mich, die Giraffensprache zu lernen.

Die Leute fingen an, mich zu bitten, das Gelernte weiterzugeben, und so unterrichte ich seit 40 Jahren, was ich über diese Sprache gelernt habe. Überall auf der Welt wünschen sich Menschen sehr, das zu lernen, weil viele von ihnen erkennen, wie schwierig es ist, auf natürliche Weise zu geben und zu empfangen, wenn man eine bestimmte Art von Sprache verinnerlicht hat. Und sie wollen mit dem Herzen geben und empfangen.

1.2 Diskussion

Jetzt würde ich gerne Ihre Fragen und Reaktionen auf das bisher Gesagte hören. Ich kann auch noch mehr sagen, wenn es etwas gibt, das Sie wissen möchten.

Teilnehmerin (T): Ich würde gerne wissen, wie sich der Kontakt zu Ihrem Herzen in diesen 40 Jahren entwickelt hat.

Marshall B. Rosenberg (MBR): Ich bin wesentlich mehr mit meinem Herzen verbunden und Menschen, die mich seit 40 Jahren kennen, sagen mir, dass sie sich jetzt viel sicherer mit mir fühlen.
Bevor ich mit meinem Herzen in Kontakt kam, war ich sehr verkopft und habe alles analysiert, und das machte es für andere sehr schwierig, mit mir in Verbindung zu sein. Ich sagte zum Beispiel zu anderen, was mit ihnen nicht stimmte, und einige von ihnen hörten das leider mit Wolfsohren und glaubten es. Sie glaubten tatsächlich, ich wüsste, was mit ihnen nicht stimme. Mit diesen Ohren zu hören ist sehr kostspielig. Nehmen wir an, Sie tun das bei einer Person, die ebenfalls Wolfssprache spricht und die Ihnen sagt: „Das Problem mit Ihnen ist …" Wenn Sie es dann glauben, denken Sie am Ende wirklich, Sie hätten ein

Problem. Ich habe die Wolfssprache früher sehr gut gesprochen, und es schien, als wüsste ich wirklich, was mit den anderen nicht stimmte. Ich war ein sehr freundlicher Wolf, denn was ich sagte, war immer nur zu ihrem Besten.

Das sind die gefährlichsten Wölfe. Ich sprach auch verschiedene Wolfs-Dialekte, und wo ich aufgewachsen bin, in Detroit, Michigan, einer sehr gewalttätigen Stadt, lernte ich den Wolfsslang der Straße. Wenn mir beim Fahren jemand mit seinem Auto in die Quere kam, rief ich aus: „Du Idiot!"

Dann habe ich einen akademischen Abschluss als professioneller Wolf gemacht, und kam mir jetzt jemand mit seinem Auto in die Quere, sagte ich: „Neurotiker!" Es war aber immer noch Wolfssprache. Ständig glaubte ich zu wissen, was mit den anderen nicht stimmte.

In der Giraffensprache gibt es keine Worte, um Menschen zu verurteilen. Wenn wir ein Giraffenbewusstsein haben, wissen wir, dass alle Urteile, die wir über andere fällen, ein tragischer Ausdruck unserer Bedürfnisse sind. Wann immer wir zu jemandem sagen: „Das Problem mit dir ist …", haben wir Bedürfnisse, die nicht erfüllt sind. Aber wir kommunizieren das auf eine Art und Weise, die es der anderen Person sehr schwer macht, uns etwas Empathie, Mitgefühl oder Verständnis entgegenzubringen. Eine Sprache zu sprechen, die es schwierig macht, ein wenig Verständnis zu bekommen, ist eine Tragödie.

Gibt es noch weitere Fragen?

T: Haben Sie mit dieser Sprache die ganze Welt bereist?

MBR: Ja, viele Teile der Welt.

T: Wird sie unabhängig von der Kultur der Menschen gleich gut verstanden?

MBR: In allen Ländern, in die ich reise, scheinen die Menschen begierig darauf zu sein, Gewaltfreie Kommunikation zu lernen. Ich glaube, diese Art des Gebens und Empfangens, von der ich gesprochen habe, ist universell. Es ist die natürliche Art und Weise menschlicher Kommunikation: Man hat Freude daran, die Freude anderer zu sehen. Die Wolfssprache lässt uns das Leiden anderer genießen, und das ist für uns Menschen nicht natürlich.

T: Ich glaube, Kindern ist die Giraffensprache angeboren. Ich denke, dass für Erwachsene das Problem darin besteht, sich wieder an diese Sprache zu erinnern.

MBR: Das ist richtig, bei unserer Geburt haben wir alle Giraffensprache gesprochen, und in unserem ersten Lebensjahr beherrschten wir diese Sprache perfekt.

Stellen Sie sich vor, ein vier Monate altes Kind wacht in der Nacht auf und schreit: „Eltern, wie könnt ihr so unsensibel sein? Ich habe seit ein paar Stunden nichts mehr gegessen, was ist nur los mit euch?“ Dieses Kind würde wahrscheinlich verhungern. Wer will schon jemanden ernähren, der solche Dinge sagt?

Glücklicherweise wurden wir mit der Sprache des Lebens geboren. Man sieht kein vier Monate altes Kind, das lächelt, wenn es in Wirklichkeit leidet, aber ein 40-jähriger Wolf kann ein Lächeln auf dem Gesicht haben, wenn er faktisch bereit ist, Sie zu töten. Man weiß nicht, was in ihm vorgeht.

Ich freue mich, dass Ihnen aufgefallen ist, dass ich den Menschen eigentlich beibringe, zu einer natürlichen Art des Seins und der Kommunikation zurückzukehren.

T: Ist die Giraffensprache nur auf Individuen anwendbar oder auch auf verschiedene Gruppen, wie Nationen oder bei internationalen Konflikten?

MBR: Wir werden lernen, wie man das GFK-Modell auf all diesen Ebenen anwenden kann.

Im Lauf der nächsten Tage werde ich Ihnen zeigen, wie Sie mit sich selbst Giraffensprache sprechen können. Viele Menschen reden Wolfssprache mit sich selbst. Sind wir einmal nicht perfekt, geben wir uns selbst beleidigende Namen. Wir erzeugen Schuldgefühle in uns, und das macht es uns schwierig, aus unseren Fehlern zu lernen: Je mehr wir uns hassen, umso schwieriger wird es, uns zu ändern. Selbst wenn wir es versuchen, beginnen wir mit Selbsthass. Deshalb müssen wir lernen, mit unseren inneren Wölfen Giraffensprache zu sprechen. Dann werden wir lernen, das auch mit anderen Menschen, in der Familie und am Arbeitsplatz zu tun.

Wir werden versuchen, mit einer Gruppe von Menschen Giraffensprache zu sprechen, und dann werden wir lernen, wie man als Vermittler zwischen zwei Gruppen fungieren kann, die Probleme miteinander haben. Wir werden sehen, wie man zwei Gruppen von Wölfen in Menschen verwandeln kann, die es schaffen, zusammenzuarbeiten. Die Menschen in den verschiedenen Ländern, in denen ich arbeite, sind daran interessiert, die Giraffensprache auf genau diesen Ebenen anzuwenden. Aber ich schlage vor, dass wir mit Eins-zu-eins-Beziehungen beginnen.

T: Hat Ihre Großmutter jemals Wolfssprache gesprochen?

MBR: Natürlich! Da bin ich mir sicher. Ich habe noch nie jemanden gesehen, der ausschließlich Giraffensprache spricht, mit Ausnahme bestimmter Stämme in einigen Ländern, in denen ich arbeite, in denen die Menschen nie Wolfssprache gelernt haben.

T: Wie war es möglich, dass Ihre Großmutter Giraffensprache sprach?

MBR: Was ich sagen will, ist: Es ist für uns alle natürlich, wir haben es alle schon getan. Jetzt, wo Sie mir die Frage stellen, wird mir klar, dass ich noch nie darüber nachgedacht habe. Meine Großmutter hatte einen großen Vorteil, sie war nie zur Schule gegangen. In den Ländern, in denen sie lebte, wurden die Schulen von Wölfen kontrolliert, und es wäre für sie sehr schwierig gewesen, eine Giraffe zu bleiben. Ihr erster großer Vorteil war, diese Schulen nicht besucht zu haben. Der zweite Vorteil war die Tatsache, dass sie eine Frau war. In der Gesellschaft, in der sie lebte, wurde Männern schon sehr früh beigebracht, zu Wölfen zu werden. Männern wurde beigebracht, dass sie hart genug sein mussten, um zu töten.

Damit Männer töten können, müssen Sie ihnen beibringen, sich von ihren Gefühlen abzuschneiden. Ich glaube, das waren zwei Dinge, die ihr geholfen haben. Ich wünschte, sie wäre noch am Leben, damit ich sie fragen könnte. Ich habe nie daran gedacht, sie zu fragen, und in ihrem letzten Lebensjahr konnte sie nicht einmal mehr sprechen, weil sie völlig gelähmt war.

T: Können Sie uns etwas über die Sprache sagen, die im Fernsehen und von den Zeitungen verwendet wird? Ich denke, sie hat Einfluss auf die Entwicklung von Kindern.

MBR: In den Vereinigten Staaten sieht ein Kind im Durchschnitt fünf oder sechs Stunden am Tag fern. In genau den zwei Stunden des Tages, in denen am meisten Kinder fernsehen, tötet oder schlägt in 75 % aller Sendungen der Held, also der „Gute“, jemand anderen. Mit 15 Jahren werden diese Kinder bereits Tausende von Episoden gesehen haben, in denen der Gute den Bösen bestraft. Wie kann dies nicht zu Gewalt führen? Doch das Fernsehen vermittelt die Botschaft nur auf eine besonders gewalttätige und traumatische Weise. Die Botschaft an sich gab es schon vor dem Fernsehen.

Seit Jahrhunderten tötet oder erobert überall auf der Welt der Held auf gewaltsame Weise. Könige mussten Männer zum Kämpfen bewegen und malten ihnen deshalb das wunderbare Bild eines gewaltbereiten Helden aus. Gesellschaften mit solchen Heldenbildern waren schon immer gewalttätig: Kinder werden geschlagen, Frauen werden geschlagen und Feinde werden getötet.

Wissen Sie, woher ich das Bild der Giraffe habe? In den Vereinigten Staaten gibt es das sogenannte Giraffenprojekt. Die Menschen, die sich für dieses Projekt engagieren, sagen: Wenn man fernsieht, die Zeitung liest und Radio hört, scheint es, alle Menschen seien gewalttätig. Überall auf der Welt sieht man Gewalt. Aber das ist nicht der natürliche Zustand des Menschen. Und all jene Menschen in allen Teilen der Erde, die sich so sehr in die andere Richtung bemühen, werden zudem nicht erwähnt. Wann ist zum Beispiel mal die Rede von Menschen, die in Flüchtlingslagern arbeiten, die sich engagieren, die andere versorgen und sich um sie kümmern? Warum erzählen wir nichts über diese Menschen?

Das Geld, das das Giraffenprojekt erhält, wird dazu verwendet, jeden Monat irgendwo auf der Welt eine Person ausfindig und bekannt zu machen, die sich wie ein echtes menschliches Wesen verhält. So kann man hin und wieder in Zeitungen und im Fernsehen eine Person sehen, die sich natürlich verhält. Diese Menschen werden Ehren-Giraffen genannt. Die Giraffe wurde als Symbol gewählt, weil sie das Landtier mit dem größten Herzen ist.

Ich wünsche mir, dass mehr solcher Nachrichten in den Zeitungen stehen und im Fernsehen gezeigt werden.

T: Wenn aber die Mehrheit der Menschen Wolfssprache spricht, wie kann dann jemand, der Giraffensprache spricht, überhaupt kommunizieren?

MBR: Das ist es, was ich Ihnen in den kommenden Tagen zeigen werde. Das werden wir gemeinsam erarbeiten.

Ich werde Ihnen beibringen, wie man Giraffensprache spricht und wie man die GFK anwendet, ungeachtet der Sprache, die andere verwenden. Und ich werde Ihnen zeigen, wie man das macht, egal ob Sie mit einem oder mit hundert Wölfen gleichzeitig sprechen. Man benötigt ein wenig Technik dazu, man muss nämlich lernen, Giraffenohren zu verwenden. Ich werde Ihnen zeigen, wie man mithilfe solcher Ohren diese wunderbare Sprache einsetzt. Wenn andere leiden und das Leben nicht genießen, heißt das nicht, dass wir es ihnen gleichtun müssen. Deshalb werden wir lernen, mit Giraffenohren zu hören. Die gute Nachricht ist: Sie müssen diese Ohren (er zeigt ein Paar Plüsch-Giraffenohren) nicht auf dem Kopf tragen, wenn Sie draußen unterwegs sind. Ich kann Ihnen beibringen, wie man innere Ohren benutzt. Wenn Ihnen die Idee jedoch gefällt, mit diesen hier nach draußen zu gehen, können Sie sich gerne ein Paar davon besorgen!

2. Innere und äußere Wölfe

MBR: Jetzt lernen wir etwas GFK. Ich werde Sie bitten, ein paar Dinge aufzuschreiben.

Denken Sie an jemanden, der aktuell dazu beiträgt, dass Ihr Leben weniger schön ist. Er stört Sie ein wenig oder bereitet Ihnen einige Probleme. Vielleicht denken Sie an jemanden, der Dinge sagt oder tut, die Ihr Leben unangenehm machen. Vielleicht leben Sie mit einem Kind zusammen, das Wolfssprache spricht, und bitten es, sein Zimmer aufzuräumen, oder Sie denken an ihren Chef oder Ihre Kollegen. Es gibt Leute, die sogar Schwiegermütter oder Schwiegerväter haben, die Wolfssprache sprechen und Dinge sagen wie: „Du bist gekommen und hast unsere Familie ruiniert. Du hast uns unser kleines Mädchen weggenommen." Suchen Sie nach einer Person in Ihrem Leben, mit der wir hier ein wenig üben können. Wir wollen die Beziehung zu dieser Person natürlicher gestalten, sodass sie zu einer Beziehung wird, in der es für alle angenehm ist, zu geben und zu empfangen.

Eine solche Person wäre ein gutes Beispiel, um mit der Praxis dieses Kommunikationsmodells zu beginnen. Also, ist Ihnen allen schon jemand eingefallen?

T: Mein Problem ist etwas anders gelagert. Die Person, die mich am meisten stört, bin ich selbst. Im Kontakt mit einigen Menschen bin ich Wolf, aber vor allem mit mir selbst.

MBR: Das ist ein perfektes Beispiel. Sie wollen also an Ihren inneren Wölfen arbeiten. Die können sehr heftig sein, sie können anfangen zu heulen, wenn sie auch nur hören, was eine andere Person sagt oder wenn sie ihren Blick sehen. Dann verhalten wir uns gegenüber dieser Person wie ein Wolf und tun, was die inneren Wölfe uns sagen. Wir beobachten uns dabei, und es gefällt uns nicht. Das ist ein gutes Beispiel.
Stellen wir uns aber dennoch vor, wir sprechen mit einer dieser Personen, die Ihnen die Frage stellt, die ich Ihnen stellen werde, und dann schreiben Sie die Antwort auf.

Wolf (W): Was ist es, das ich tue oder sage, das Ihnen das Leben schwer macht? Oder was ist es, das ich nicht tue oder sage, das Sie sich wünschen?

2.1 Beobachtung vs. Bewertung

MBR: Mit großer Wahrscheinlichkeit haben 90 % von Ihnen die Frage, die ich gestellt habe, nicht beantwortet. Ich habe nämlich um eine Beobachtung gebeten. Die Frage lautet: „Was habe ich getan?“ Ich habe nicht gefragt: „Was halten Sie von mir?“ Sie haben wahrscheinlich etwas geschrieben, das eine Kritik oder ein Urteil über eine Person impliziert, und das ist Wolfssprache.
Tatsächlich verwechseln Wölfe zwei Dinge, nämlich Beobachtung und Bewertung.
Wenn wir in Giraffensprache kommunizieren, sind wir in der Lage, anderen zu sagen, was sie tun, das uns nicht gefällt, ohne sie zu beleidigen.
Wenn Sie nicht in der Lage waren, die Unterscheidung korrekt zu treffen, dann muss Sie das nicht besonders überraschen. Der indische Philosoph Krishnamurti sagt, die höchste Form der menschlichen Intelligenz ist die Fähigkeit, zu beobachten, ohne Urteile zu fällen. Und das ist es, worum ich Sie gebeten habe. Ich wäre dankbar, wenn mindestens sechs von Ihnen vorlesen würden, was sie geschrieben haben. Wenn Sie korrekt geantwortet haben, wird die Giraffe tanzen, wenn Sie hingegen die beiden Dinge verwechselt haben, wird der Wolf heulen.

T: Du hast keine Geduld und erwartest von anderen, dass sie so sind, wie du sie haben willst.

MBR: Sie haben meinen armen Wolf getötet! Das sind viele Diagnosen. Sie sagten: „Du hast keine Geduld." Das sagt etwas darüber aus, wie Sie mich beurteilen, es beschreibt nicht, was ich getan habe.
Dann haben Sie dieses Urteil noch vertieft. Sie äußerten zwei Analysen und haben meine Frage: „Was habe ich getan oder gesagt, das Ihnen das Leben schwer gemacht hat?" nicht beantwortet. Wenn Sie diese beiden Elemente – Beobachtung und Bewertung – verwechseln, wird das Lernen für Sie schwierig, denn jede Analyse erzeugt Widerstand. Eigentlich wollen wir die Aufmerksamkeit des anderen auf ein bestimmtes Verhalten lenken, das nicht unseren Wünschen entspricht, aber wir verlieren uns oft in der Analyse.
Danke, dass Sie ein Beispiel beigetragen haben.

T: Du willst alles wissen, über mich, die Kinder und das Haus. Du kritisierst mich und rufst nur an, um mir technische Daten mitzuteilen.

W: AUHHHHH! (Wolf heult)

MBR: Mindestens vier Diagnosen:
Sie sagten, ich möchte alles über Sie wissen, und das stimmt nicht. Zum Beispiel ist es mir egal, welche Kleider Sie heute tragen, dies ist die erste Diagnose.
Dann sagen Sie: „Du kritisierst mich." Das ist eine weitere Diagnose, und der Wolf könnte antworten: „Ich versuche nur, dir zu helfen."
Wie Sie sehen, gibt es verschiedene Möglichkeiten, ein Verhalten zu interpretieren. Der eine könnte darin einen Vorwurf sehen, jemand anders könnte denken, dass er Ihnen hilft, also fangen Sie an, über die Diagnose zu streiten. Wie könnte dieser Dialog in Giraffensprache aussehen? Einfach, indem man genau wiedergibt, was die andere Person gesagt hat: „Mama, wenn du mir sagst, dass ich eine egoistische Person bin, …" Oder: „Mama, wenn du mich jeden Tag anrufst und mir diese Fragen stellst, …"
Wir verwenden keine Floskeln wie: „Du willst, dass mein Leben so und so ist", das ist ein Urteil.
Die Ehrlichkeit der Giraffe impliziert, dass der andere in keiner Weise bewertet wird und dass keine Form von Kritik oder Analyse erfolgt. In der Giraffensprache sind wir sehr ehrlich, wir sprechen über unsere Gefühle, unsere Empfindungen und unsere Bedürfnisse, nicht darüber, was mit dem anderen nicht stimmt.
Hat noch jemand einen Satz?

T: Du entscheidest immer, was für mich nützlich ist, und machst es dann für mich. Aber für mich ist es nicht nützlich. Danke, aber ich brauche es nicht.

MBR: Immer?

T: Nein.

MBR: Sehen Sie, wie der Wolf immer wieder lacht? Sehen Sie, wie er übertreibt? Seien Sie sehr vorsichtig mit dem Gebrauch der Wörter „immer" und „nie". Normalerweise verwenden wir sie, um etwas zu unterstreichen. Wenn wir sagen, etwas passiert nie und die andere Person spricht Wolfssprache, wird sie an das einzige Mal vor langer Zeit denken, als es passiert ist.

Fangen wir von vorne an.

W: Manchmal mache ich ... Was?

Was tue ich, das dir nicht gefällt?

T: Du glaubst zu wissen, ...

MBR: Sagen Sie ihm nur, was er gesagt hat, das ist Giraffensprache. Ihm zu sagen, was Sie glauben, ist Wolfssprache. Sie können die Gedanken anderer Menschen nicht lesen. Was hat er also gesagt?

T: Ich habe tatsächlich geurteilt.

MBR: Ja, ich hätte gerne eine Antwort auf meine Frage.

T: Ich brauche nicht, was du mir gibst, und ich gebe es dir zurück.

MBR: Sie sagen, er gibt Ihnen Ratschläge, wenn Sie nicht danach fragen. Das ist Giraffensprache.

Giraffe (G): Wenn du mir sagst, was ich zu tun habe, ohne dass ich dich danach frage, ist das eines der Dinge, die mein Leben schwerer machen.

MBR: Wir können der Person nicht sagen, dass es nicht nützlich ist, das würde bedeuten, sie zu verurteilen und anzugreifen. Wir können nicht sagen: „Du hast kein Recht, dich mir aufzudrängen." Das kann wie ein Angriff klingen.

Sie können darauf hinweisen, dass das Verhalten der anderen Person nicht Ihre Bedürfnisse erfüllt, aber Sie können auch betonen, dass das, was Sie sagen, ihr dabei helfen kann, Ihre Bedürfnisse zu erfüllen.

„Geben" geschieht aus einer Energie der Liebe heraus. Seien Sie also ehrlich, ohne das Verhalten anderer Menschen zu kritisieren, und verwenden Sie keine Worte, die der Wolf leicht als Urteil verstehen kann. An diesem ersten Teil werden wir jetzt arbeiten. Ist dieser erste Schritt – ohne Beurteilung auszudrücken, was die Person tut oder sagt – für Sie klar genug?

T: Manchmal sind wir überzeugt, nicht zu urteilen, und es ist sehr schwierig, sich dessen bewusst zu sein.

MBR: Sehr schwierig und doch sehr, sehr wichtig. Wenn wir uns unserer Urteile bewusst sind, können wir die darin enthaltene Botschaft erfassen. Studien über Rassismus und Sexismus zeigen, dass wir genau an diesem Punkt arbeiten müssen: Fakten von Meinungen trennen zu können.

Auch die Giraffe hat Meinungen, die Giraffe ist nicht immer ruhig und geduldig, aber sie verwechselt das, was sie beobachtet, nicht mit dem, was sie denkt. Fakten und Meinungen werden nicht verwechselt.

T: Manchmal verwende ich die Giraffensprache bei bestimmten Gelegenheiten, aber in mir steckt ein Rudel Wölfe, die gerne raus wollen.

MBR: Ja, selbst wenn wir wissen, wie man Giraffenohren benutzt, und selbst wenn wir in der GFK geübt sind, sind wir manchmal immer noch Wölfe.

Warum? Die Antwort ist immer die gleiche: Dies geschieht, wenn ein Leid, ein Schmerz in uns nicht gehört, nicht beachtet wurde. Wenn wir uns in einen Wolf verwandeln und wir merken es, wollen wir uns aus diesem Grund nicht dafür verurteilen. Wir wissen, dass im Urteil ein Bedürfnis, ein Schmerz steckt, und deshalb wollen wir uns damit befassen.

Einige unserer Bedürfnisse sind nicht befriedigt worden, deshalb setzen wir uns innerlich Giraffenohren auf und lernen, uns selbst Einfühlung zu geben. Ich weiß, dass Sie sich mit Focusing beschäftigen, und das ist ein großartiger Prozess, um zu lernen, wie wir die Giraffenohren bei uns selbst anwenden können, wann immer wir sie brauchen.

Um mit anderen Menschen GFK sprechen zu können, wollen wir zuerst in der Lage sein, sie bei uns selbst anzuwenden und unseren Bedürfnissen und Leiden zuhören zu können. Dann werden wir mit größerer Wahrscheinlichkeit auch auf andere auf Giraffenart reagieren.

Um zu sehen, wie wir uns in der Giraffensprache ausdrücken können, haben wir uns zunächst mit dem ersten Schritt beschäftigt: Wir wollen imstande sein, Beobachtungen von Bewertungen zu trennen.

Schauen Sie sich erneut an, was Sie eben aufgeschrieben haben, und verwandeln Sie nun jede Bewertung in eine Beobachtung.

Beantworten Sie einfach die Frage: „Was habe ich getan?“

2.2 Was ist ein Gefühl und was ist eine Analyse?

Um Ihnen den Einstieg in die Giraffensprache zu erleichtern, habe ich Ihnen einige Beispiele gegeben. Sagen wir nun zum Wolf: „Mama, wenn du mir Ratschläge gibst, obwohl ich nicht danach frage, …“ oder „Mama, wenn du mich zweimal am Tag anrufst und mich fragst, was ich mache, …“, so machen wir die Person auf das aufmerksam, was sie getan hat, das uns nicht gefällt.

Jetzt wollen wir dieser Person ehrlich und genau sagen, was in uns vorgeht, wenn sie diese Dinge tut. Wir wollen es sagen können, ohne sie zu beleidigen oder zu kritisieren. Das bedeutet, zu der Schönheit der Sprache zurückzukehren, die wir kannten, als wir geboren wurden. Kinder sprechen eine wunderschöne Sprache, in der sie ausdrücken, was in ihnen vorgeht, ohne andere zu kritisieren. Welche Sprache ist das?

Es ist die Sprache der Gefühle, Empfindungen und Bedürfnisse. Als Eltern machen wir es uns in einer sehr kalten Nacht im warmen Bett gemütlich. Da hören wir die Giraffe. Sie sagt: „Uehhhh!“ (Babygeschrei)

Wir stehen auf, weil wir verstehen, was in der anderen Person vorgeht. Wir hören ihr Leid, wir verstehen ihre Bedürfnisse und deshalb ziehen wir es als menschliche Wesen vor, auf die Bedürfnisse der anderen Person einzugehen, anstatt dort zu bleiben, wo wir sind.

Genau diese Sprache, die anderen hilft, unsere Bedürfnisse und Gefühle zu verstehen, ohne dass dabei etwas zu hören ist, das wie Kritik klingt, wollen wir als GFK-Sprechende verwenden. Wir sagen also zu dieser Person: „Wolf, wenn du das machst, fühle ich mich …“ Versuchen Sie nun zu sagen, wie Sie sich fühlen.

Schreiben Sie auf, wie Sie sich fühlen, wenn die Person die Dinge tut, die Sie stören.

____

____

____

____

____

____

W: Wie fühlen Sie sich, wenn ich tue, was ich tue?

T: Es ist mir unangenehm.

MBR: O.k., es ist Ihnen unangenehm. Drücken Sie Ihre Gefühle aus.

T: Traurig, wütend, verzweifelt.

T: Eingesperrt

MBR: Hüten wir uns davor, mit unseren Gefühlen poetisch zu werden, denn dann kommunizieren wir manchmal Dinge, die anders sind als das, was wir tatsächlich gefühlt haben. Wenn Sie sagen: „Ich fühle mich eingesperrt", hört der Wolf, dass Sie ihn beschuldigen, er wäre die Person, die Sie im Gefängnis hält.

Jedes Mal, wenn wir den Worten „Ich fühle" das Wort „dass" folgen lassen, drücken wir kein Gefühl aus, sondern einen Gedanken, ein Bild, z. B. das Bild, im Gefängnis zu sein. Diese Bilder vermitteln selten das Gefühl, das wir haben, und werden von den anderen eher als Angriff wahrgenommen.

T: Ich fühle einen Mangel an Perspektive.

MBR: Das sagt aus, was Sie tun, Sie verlieren die Perspektive, aber an mein Ohr dringt nichts davon, wie Sie sich fühlen. Ich weiß nicht, ob Sie verängstigt, verwirrt, frustriert oder wütend sind. Es könnte jedes dieser Gefühle sein, denn der Mangel an Perspektive sagt mir nicht, wie Sie sich fühlen.

T: Ich fühle mich kontrolliert.

MBR: Nein, das ist kein Gefühl.

T: Während er sprach, dachte ich daran, dass mir diese Kontrolle Angst macht. Das ist vielleicht einfach in: „Ich habe Angst" zu übersetzen.

MBR: Das Gefühl ist Angst. Ich bin froh, dass Sie den Unterschied bemerkt haben. Hüten Sie sich vor Worten, die darauf hinweisen, was andere Menschen mit Ihnen machen. „Ich fühle mich kontrolliert" sagt nichts darüber, was ich fühle, sondern was ich denke, das die andere Person mit mir tut.

Ich gebe Ihnen noch eine Liste mit Wörtern, die der Wolf sagt, damit wir üben können, sie nicht zu benutzen. Selbst wenn der Wolf FÜHLEN sagt, ist das, was folgt, nicht das, was er fühlt. Der Wolf zieht nur seine Giraffenkleidung an.

W: Ich fühle mich missverstanden.

MBR: Erkennen Sie den Trick des Wolfs? Es klingt, als hätte er ein Gefühl ausgedrückt, aber es ist eine unterschwellige Art zu sagen: „Du hast mich nicht verstanden."

Ich fühle mich abgelehnt, ich fühle mich benutzt, ich fühle mich manipuliert, ich fühle mich beurteilt: Keine dieser Aussagen ist ein Gefühl, alles sind Analysen dessen, was die andere Person tut. Je mehr wir diese Art von Wörtern verwenden, desto schwieriger wird es für andere, eine Verbindung zu dem herzustellen, was in uns vorgeht. Für die anderen ist es viel einfacher zu denken, sie würden angegriffen.

Gibt es andere Wörter, bei denen Sie kontrollieren wollen, ob die Giraffe oder der Wolf spricht?

T: Ich fühle mich machtlos, Ihnen zu helfen. Frustriert.

T: Anteilnahme für Ihr Leiden.

MBR: Das sagt etwas darüber, was Sie tun, aber es sagt nicht aus, was Sie fühlen.

T: Ich fühle mich allein.

MBR: Die Giraffe tanzt.

T: Verletzt, melancholisch.

MBR: Verletzt könnte beides sein, es gibt nicht sehr viele Begriffe im Englischen, um Gefühle zu beschreiben. Dieser Ausdruck könnte in dem Sinne verstanden werden, dass Sie von jemand anderem verletzt wurden. Vielleicht gibt es im Italienischen passendere Worte. Vielleicht ist es einfacher, Giraffensprache auf Italienisch zu sprechen, und es gibt mehr Worte, um Gefühle auszudrücken.

T: Nicht verstanden.

MBR: Das ist Wolfssprache.

T: Wütend.

MBR: Wenn ich sage, ich wurde nicht verstanden, denke ich, die andere Person versteht mich nicht. Ich kann frustriert sein, ich kann wütend sein, aber ich kann nicht sagen, dass ich mich nicht verstanden fühle.

T: Unbehaglich.

MBR: O.k.

T: Darf ich sagen: „Ich fühle mich nicht frei“?

MBR: Das ist, was Sie *nicht* fühlen. Es ist nicht in positiver Form, es ist nicht das, was Sie fühlen. Wir können immer sagen: „Ich fühle mich nicht gut“, aber das sagt nicht aus, wie Sie sich fühlen.

T: Könnte man also stattdessen sagen: „Ich fühle mich schlecht“?

MBR: Das Problem mit „schlecht“ ist, dass es zu allgemein ist. Je mehr wir uns darüber im Klaren sind, welche Art von Gefühl wir haben, desto leichter ist es für die andere Person, uns zu verstehen.

T: Ich fühle mich grausam.

MBR: Das ist, was Sie denken, nicht das, was Sie fühlen. Wenn ich sage: „Ich fühle mich dumm", ist das nicht mein Gefühl, sondern eine Selbstbeurteilung. Ich denke, ich bin grausam, ich denke, ich bin dumm, aber ich sage nicht, was ich fühle.

T: Enttäuscht.

T: Ich habe Angst, verurteilt zu werden.

MBR: Ja, Angst zu haben ist ein Gefühl.

T: Vernachlässigt.

MBR: Das ist etwas, von dem Sie glauben, dass Sie es sind. Ist es vielleicht das Gefühl, allein zu sein, wenn Sie denken, Sie würden vernachlässigt?

T: Ich fühle mich ignoriert, ausgeschlossen, allein, ich fühle mich vernachlässigt, ist das nicht alles das Gleiche?

MBR: Das sind ganz verschiedene Ausdrücke, aber wir mischen sie alle zusammen. „Ignoriert" ist ein Wolfs-Ausdruck. Wenn ich so denke, kann ich sehr starke Gefühle haben, aber das Wort sagt nicht, welche. Es besagt, dass ich der anderen Person die Schuld gebe. Ich wette, es gab Zeiten, in denen Sie vernachlässigt und ignoriert wurden: Haben Sie sich erleichtert gefühlt?

T: Nein.

MBR: Das hätte mich auch gewundert, denn mit diesen Leuten hätten Sie sicher nicht zusammen sein wollen. Jemand anders hätte vielleicht beim Gedanken daran, ignoriert zu werden, Erleichterung verspürt. Sie aber nicht, weil Sie sich allein fühlten.

Ausgeschlossen und ignoriert sind Prozesse, die aus dem Verstand kommen. Sie besagen, was Sie denken, aber nicht, was Sie fühlen.

T: Und wenn jemand sagt: „Ich fühle, dass du mich nicht liebst"?

MBR: Dann hat er gesagt: „Ich fühle, dass du mich nicht liebst." Immer, wenn wir sagen: „Ich fühle, dass ich …" oder „Ich fühle, dass du …", benutzen wir unseren Verstand, um sehr gefährliche Urteile zu fällen. Wahrscheinlich fühlen Sie sich demoralisiert, traurig oder verbittert, wenn Sie denken, dass Sie nicht geliebt werden. Aber zu sagen, dass Sie nicht geliebt werden, ist eine Diagnose.

2.3 Mit welchen Ohren hören wir?

T: Es gibt Situationen, die in uns Aggressionen erzeugen.

MBR: Wir haben gelernt, Gefühle auszudrücken, und es ist wichtig, dass wir das nicht auf eine gewalttätige Art und Weise tun. Gefühle sind sehr mächtig, aber Macht kann zu Missbrauch werden. Ich gebe Ihnen mal ein Beispiel dafür, wie ein Wolfs-Elternteil mit seinen Kindern kommuniziert:

„Du machst mich sehr traurig, wenn du dein Zimmer nicht aufräumst."

Beachten Sie, dass keine Gefühle ausgedrückt werden. Der Wolf sagt, das Gefühl ist Ihre Schuld: Sie sind die Ursache für meinen Schmerz, also müssen Sie etwas dagegen tun, mein Leiden ist Ihr Problem. Dies ist eine gewaltsame Art, Gefühle auszudrücken. Wölfe tun das, weil sie Schuldgefühle nutzen, und es funktioniert, wenn die andere Person mit Wolfsohren hört.

Wenn das Kind mit Wolfsohren hört, denkt es, dass es seine Mutter traurig macht. Es denkt, die Traurigkeit seiner Mutter sei sein Problem. Also räumt es das Zimmer aufgrund seiner Schuldgefühle auf oder es rebelliert gegen seine Mutter und fühlt sich dann schuldig.

Schuldgefühle treten sehr häufig auf, wenn der Wolf sich auf diese Weise äußert.

Lassen Sie uns nun genau klären, wie eine Giraffe ihre Gefühle ausdrückt und wie ein Wolf sie ausdrückt.

Giraffe: „Ich fühle mich so, weil ich …"

Wolf: „Ich fühle so, weil du …"

Wenn ich mich schuldig fühle, dann deshalb, weil ich mit Wolfsohren höre. Ich schaue in mich hinein und sage mir, dass ich die Ursache für deinen Schmerz bin.

Als Giraffe bin ich mir bewusst, dass ich mich – je nach den Ohren, mit denen ich höre – auf eine bestimmte Art und Weise fühle. Es sind nie die Handlungen anderer, die mich so fühlen lassen, wie ich fühle, sondern die Ohren, mit denen ich höre, und die Richtung, in die ich sie lenke. Nehmen wir zum Beispiel an, jemand sagt zu mir: „Marshall, du stellst die Dinge sehr verwirrend dar und drückst dich nicht klar aus. Bevor ich heute Morgen hierher kam, wusste ich mehr über Kommunikation als jetzt."

Wie fühle ich mich, wenn ich diese Worte höre? Das hängt davon ab, welche Ohren ich gerade benutze. Wenn ich mit Wolfsohren höre, denke ich, ich hätte etwas falsch gemacht. Ich glaube, gute Elemente miteinander verbunden zu haben, aber mit einem schlechten Ergebnis. Das bedeutet, ich nehme die Worte persönlich und sage mir, ich sei inkompetent und hätte versagt. Dann werde ich traurig, weil ich mich mir selbst gegenüber wie ein Wolf verhalte.

Wenn ich stattdessen mit Giraffenohren höre, ist mir bewusst, dass es mein Denken ist, das mich traurig macht, nicht das, was gesagt wurde.

Ich kann auch die Wolfsohren auf Sie richten und sagen: „Sie haben kein Recht, so zu reden, Sie sind unhöflich und ein Störenfried!"

Aber wenn ich eine Giraffe bin, sage ich nicht: „Du hast mich wütend gemacht!", sondern: „Ich bin wütend, weil ich dich mit Wolfsohren gehört habe und dir auf wölfische Weise antworte. Ich bin mir bewusst, dass mein Wütend-Sein das Ergebnis meiner Wolfsohren ist und nicht deines Verhaltens."

Wenn ich mir selbst mit Giraffenohren zuhöre, bin ich mir bewusst, dass meine Gefühle das Ergebnis meiner Bedürfnisse sind. Ich verbinde meine Gefühle mit meinen Bedürfnissen. Ich verurteile weder mich selbst noch die andere Person. Ich versuche zu hören, welche Bedürfnisse ich nicht befriedige. Ich bin mir bewusst, dass es meine Bedürfnisse sind, die mich so fühlen lassen. Wenn die Bedürfnisse erfüllt sind, fühle ich mich gut, andernfalls habe ich ständig Gefühle, die Unzufriedenheit signalisieren.

„Ich fühle mich so, wie ich mich fühle, weil ich mir gewünscht hätte, …" Oder: „… weil ich ein Bedürfnis nach … hatte". Ich mache also darauf aufmerksam, welches meine Bedürfnisse sind, und kehre zu der von Kindern verwendeten Sprache zurück. Als Erwachsener habe ich hier einen großen Vorteil: Ich kann Worte verwenden, die meine Bedürfnisse verdeutlichen. In der Babysprache könnte das ein Problem sein. Dazu ein Beispiel:

Ich stehe nachts auf und bereite meinem Sohn die Babynahrung zu. Als ich sie ihm geben will, dreht er sein Gesicht weg. Das sagt mir, dass ich seine Bedürfnisse falsch interpretiert habe. Wäre er in der Lage zu sprechen, würde mir das vielleicht etwas Zeit ersparen.

Also: Ich bin traurig, weil ich etwas gerne gehabt hätte. Ich bin enttäuscht, weil ich etwas brauche.

2.4 Bedürfnisse & Bitten: Warum wir fühlen, wie wir fühlen und wie wir bekommen, was wir brauchen

Zurück zu dem, was Sie vorhin notiert haben:

Schreiben Sie nun auf, warum Sie so gefühlt haben. Ergänzen Sie jetzt Ihre Bedürfnisse nach diesem Muster: „Ich fühle mich so und so, weil ich dies oder das brauche."

Ich fühle mich ____,

weil ich ____ brauche.

Nun wollen wir uns wieder einige Situationen anhören.

T: Ich fühle mich frustriert, weil ich Bestätigung oder weil ich Sicherheit brauche.

MBR: Beides sind Giraffenausdrücke, die auf das aufmerksam machen, was man braucht. Als „Baby"-Giraffe hätten Sie vielleicht gesagt: „Ich bin frustriert, weil ich das Gefühl habe, nicht genug Bestätigung zu bekommen." Sie hätten einen Gedanken ausgedrückt und die andere Person hätte das, was Sie gesagt haben, vielleicht als Angriff verstanden. In Ihrem Satz haben Sie jedoch die Aufmerksamkeit darauf gelenkt, welches Ihre Bedürfnisse sind, und es so der anderen Person einfacher gemacht, mit Verständnis zu reagieren.
Natürlich wird sie das nicht immer tun, denn wenn die andere Person nicht mit Giraffenohren hört, könnte sie alles, was Sie ausdrücken, als Angriff verstehen.
Wir werden später sehen, wie wir jemandem antworten können, der unsere Worte als Angriff hört. Aber zuerst wollen wir lernen, uns in klarer Giraffensprache auszudrücken, und dann werden wir sehen, wie wir auf das Verhalten der anderen Person reagieren können.
Welche anderen Bedürfnisse haben Sie gefunden?

T: Ich war irritiert und hatte Angst, weil ich es gebraucht hätte, dass du mich fragst, wie es mir geht.

MBR: Ich werde versuchen, den Unterschied zwischen Bitte und Bedürfnis deutlicher zu machen. Wenn Sie sagen: „Ich hätte es gebraucht, dass du mich fragst, wie es mir geht", drücken Sie aus, was Sie gerne hätten das die andere Person zur Erfüllung Ihres Bedürfnisses tut. Aber das Bedürfnis, wahrscheinlich Fürsorge, machen Sie nicht deutlich.

Es ist notwendig, das Bedürfnis von der Bitte zu trennen. Zuerst nennen wir das Bedürfnis, das lebendig ist, dann stellen wir die Bitte, um es zu erfüllen.

T: Ich möchte mich frei fühlen.

MBR: Das ist ein guter Ausdruck für ein Bedürfnis: „Ich möchte mich frei fühlen." Was aber möchten Sie, das die andere Person tut, um Ihr Bedürfnis zu erfüllen? Wenn Sie das Bedürfnis nennen, ohne eine Bitte zu stellen, ist das verwirrend. Die Bitte muss sehr klar sein. Wir wollen auch uns selbst gegenüber klar sein: Was wir an den anderen richten, ist eine Bitte und keine Forderung. Als Giraffe brauchen wir die Fähigkeit, sehr deutlich und direkt in Bezug auf die Bitte zu sein und auch dazu fähig klarzustellen, dass es eine Bitte und keine Forderung ist. Denn Forderungen haben den gleichen Effekt auf Menschen wie Kritik: Sie erzeugen Widerstand. Sie halten Menschen davon ab, mit ihrem Herzen zu antworten.

T: Ich bin traurig, weil ich gerne an Ihrer Freude teilgehabt hätte.

MBR: Das ist eine sehr gute Giraffe, aber da Sie von der Vergangenheit sprechen, ist es wichtig, dass Sie dort nicht stehen bleiben. Denn wenn ich sage: „Ich bin sehr traurig, weil ich gerne an Ihrer Freude teilgehabt hätte", lebe ich in der Vergangenheit und mache nicht deutlich, was ich jetzt gerne hätte. Als Giraffe beziehe ich mich nur auf die Vergangenheit, um deutlich zu machen, was ich jetzt will. Wenn ich nicht mit einer expliziten Bitte ende und die andere Person mit Wolfsohren hört, könnte sie denken, ich möchte mit meiner Aussage nur erreichen, dass sie sich schuldig fühlt. „Ich bin wirklich traurig, denn ich wünschte, ich hätte dabei sein können." Die Giraffe hat vergessen zu sagen, was ihre Bitte ist, und der Wolf sagt: „Und was soll ich jetzt machen? Immer versuchst du, mir ein schlechtes Gewissen einzureden!" Wenn wir also nicht klar genug sagen, was wir jetzt gerade wollen, wird der Wolf denken, dass wir ihn dazu bringen wollen, sich selbst zu hassen.

Wir müssen immer mit dem enden, was wir wollen. Bei unserem Beispiel: „Ich bin sehr traurig, weil ich gerne an Ihrer Freude teilgehabt hätte" fragt sich die sehr bewusste Giraffe: „Und was will ich jetzt, genau jetzt, von dieser Person? Vielleicht brauche ich auch Ehrlichkeit." Deshalb fragt sie: „Sind Sie bereit, mir die Gründe zu nennen, warum Sie mich nicht eingeladen haben?" Sie stellt eine klare Bitte.

Die ersten drei Punkte der Giraffensprache beantworten im Wesentlichen die Frage: „Wie geht es mir?"

Diese Frage, die sich Menschen in jeder Kultur stellen, wenn sie sich begegnen, nimmt in der Wolfskultur niemand ernst. Von dieser Frage hängen aber ganz maßgeblich Unversehrtheit, Sicherheit und sogar gegenseitiges Vertrauen ab. Wenn wir in einer Situation nicht wissen, wie es einer anderen Person geht, fühlen wir uns viel unsicherer. Wir wissen nicht, wie wir mit dem anderen umgehen sollen. Deshalb ist es menschlich, jemanden zu fragen, wie es ihm geht. Wir verwenden drei Punkte, um dem anderen zu sagen, wie es uns geht. Wir beschreiben:

1. Das Geschehene, das bestimmte Emotionen in uns auslöst,
2. wie wir uns fühlen,
3. welche unserer Bedürfnisse diese Gefühle erzeugen.

Zusammen genommen vermitteln diese drei Elemente unserem Gegenüber, wie es uns geht. Dann klären wir, was unser Leben besser machen würde, und stellen eine Bitte. Die Giraffe sagt, wie es ihr geht und was sie sich wünscht. Dann hört sie, wie es dem anderen geht und was er sich wünscht. Das ist der Giraffentanz. Beide Menschen verbinden sich mit dem, was in ihnen vorgeht und was sie brauchen, und in diesem Tanz gibt es keine Kritik oder Verurteilung.

T: Wie bringt man ein Kind dazu, sein Zimmer aufzuräumen?

MBR: Ich bin froh, dass Sie das fragen. Ich habe einmal erlebt, dass eine Frau zurück ins Seminar kam und sagte: „Es funktioniert nicht. Ich bin nach Hause gegangen, habe in perfekter Giraffensprache gesprochen und es hat nicht funktioniert. Mein Sohn hatte sein Zimmer immer noch nicht aufgeräumt und ich habe ihm dann gesagt, wie ich mich fühlte: Ich war wütend. Dann nannte ich ihm mein Bedürfnis: Darauf vertrauen zu können, dass, wenn ich etwas sage, es auch getan wird. Ich habe dann eine ganz klare Bitte geäußert: Ich wollte, dass er in sein Zimmer ging und es sofort aufräumte."

Sie war eine richtige Giraffe. Ich fragte, wo das Problem sei, und die Frau sagte: „Er hat es nicht getan. Da habe ich ihm gesagt, er könne nicht sein ganzes Leben lang faul sein und nicht tun, was man tun muss."

Ich verstand, warum es zwischen den beiden zu keiner Kommunikation gekommen war. Die Frau hatte die Giraffensprache als Weg interpretiert, um andere Menschen dazu zu bringen, das zu tun, was sie wollte. Das ist ein Wolfsziel. Unser Ziel ist, dass unsere Bedürfnisse erfüllt werden, der Wolf hingegen will, dass man tut, was er sagt.

Die Frau antwortete: „Sie sagen also, ich hätte das Kind tun lassen sollen, was es wollte?“ Ich erwiderte: „Das ist auch Wolfssprache, denn so ignorieren Sie Ihre Bedürfnisse.“ Und sie sagte: „Was ist denn dann die Absicht der Giraffe?“

„Die Absicht der Giraffe ist es, sich auf einen Tanz einzulassen, der endet, wenn die Bedürfnisse beider Seiten erfüllt sind. Das ist ein viel schwierigeres Ziel, als das Kind dazu zu bringen, sein Zimmer aufzuräumen. Es bedeutet auch nicht, die eigenen Bedürfnisse aufzugeben. Der erste Grund, warum Ihr Kind nicht tut, worum Sie es bitten, ist der, dass es Ihre Bitte als Forderung hört, und wenn das passiert, gibt es Widerstand.“

Als menschliche Wesen haben wir ein sehr starkes Bedürfnis, unsere Autonomie zu schützen und nicht gezwungen zu werden. Wenn wir einem Menschen begegnen, der uns vorschreiben will, was wir zu tun haben, wird er mit Sicherheit den gegenteiligen Effekt erreichen.

Wir werden gleich noch sehen, wie man eine Frage so formuliert, dass sie wie eine Bitte und nicht wie eine Forderung klingt. Ich bin zuversichtlich: Wenn dieser Unterschied sehr klar ist, wird das Problem lösbar sein. Es kann auf viele Arten gelöst werden, aber jeder wird seine Bedürfnisse befriedigen können.

T: Wenn ich früher wollte, dass meine Tochter etwas tut, habe ich es ihr verboten. Dann habe ich damit aufgehört.

MBR: Wenn Sie sicherstellen wollen, dass die andere Person nicht tut, was Sie von ihr wollen, benutzen Sie die magischen Worte des Wolfes: „Du solltest“. Sagen Sie den Leuten, dass sie etwas tun sollen, und, wenn Sie es für alle noch schlimmer machen wollen, sagen Sie, dass sie etwas „müssen“. Kaum haben wir diese Worte ausgesprochen, sinkt die Chance auf null, das, was wir wollen, aus den Gründen zu bekommen, aus denen wir es wollen. Wir müssen also sehr sicher sein, dass das, was wir äußern, wirklich eine Bitte ist.

T: Sie sagen, man soll den Leuten nicht sagen, was sie tun sollen. Aber was soll man dann sagen?

MBR: „Ich hätte gerne, dass du …“ Wir sprechen wie Menschen, wir stellen eine Bitte. Sobald wir einer Person sagen, was sie „tun sollte“, halten wir uns für Gott, und wenn die Person nicht klug genug ist, wird sie wahrscheinlich wütend auf uns werden.

Wir werden noch sehen, wie Sie dieses Modell in der Kommunikation mit einer anderen Person anwenden können.

Um Giraffensprache zu sprechen, ist es nicht immer notwendig, das GFK-Modell zu verwenden (siehe Anhang, Seite 81). Das ist klassische Giraffensprache und in manchen Situationen ist es gut, diese vier Punkte klar zu benennen. Manchmal kann aber die Ausgangssituation – also das, was wir beobachtet haben – für die andere Person bereits offensichtlich sein. Dann ist es nicht notwendig, mit der Beobachtung zu beginnen. Manchmal kann man diese vier Punkte auch ohne Worte kommunizieren. Es kommt vor, dass meine Frau und ich vor dem Fernseher sitzen und sie folgende Botschaft an mich richtet: Sie tut so, als würde sie ein Glas zum Mund führen. Was will sie? Etwas zu trinken. Was fühlt sie? Durst. Von wem will sie, dass er es holt? Von mir.

Alle vier Punkte werden angesprochen, ohne dass ein Wort gesagt wird. Wir müssen uns also keine Gedanken über die genaue Reihenfolge dieser Elemente machen, aber wir wollen uns ihrer bewusst sein.

Wir wollen, dass dieses Bewusstsein durch Gesten und Worte auch für den anderen deutlich wird, damit er keine Forderung, kein Urteil und keine Worte wahrnimmt, die ihm die Möglichkeit einer Wahl absprechen.

2.5 Mit dem Wolf kommunizieren

Versuchen Sie nun, in Gruppenarbeit an einer Situation zu arbeiten, die einer von Ihnen erlebt hat. In dieser Situation gibt es einen Wolf, mit dem Sie kommunizieren möchten, und zwar so, dass auch die anderen Mitglieder Ihrer Gruppe das Gefühl haben, dass sie davon etwas lernen können.

Stellen Sie sich dann vor, die Person in Ihrer Gruppe spricht mit dem Wolf und alle anderen helfen ihr zu entscheiden, was sie sagen kann, um die vier Schritte deutlich zu machen. Sie helfen ihr, dem Wolf die Fakten, Gefühle, ihre unerfüllten Bedürfnisse und ihre Bitten mitzuteilen. Überlegen Sie sich genau, was Sie der anderen Person sagen, um bei ihr anzukommen, und schreiben Sie es auf.

Wenn Sie damit fertig sind, wird die Person, zu der die Situation gehört, berichten, was Sie geschrieben haben, und ich werde als Wolf antworten.

Die Aufgabe der Gruppe wird sein, in Giraffenmanier auf das zu antworten, was ich als Wolf sage.

(Nach der Gruppenarbeit)

Ich bin mit Ihrer Arbeit zufrieden. Sie haben sich in bester Giraffenmanier ausgedrückt und der Wolf hat Ihnen sehr schwierige Antworten gegeben. Ich möchte, dass Sie auf jede Situation vorbereitet sind.

Wenn Sie nicht wissen, wie man mit Giraffenohren hört, und Sie öffnen sich dann und offenbaren dem Wolf Ihr Herz, könnten seine Antworten sehr schmerzhaft für Sie sein. Sich dann abzuschotten und wieder zum Wolf zu werden erscheint in solchen Fällen oft als einfachster Weg. Deshalb mein Vorschlag: Lassen Sie uns, nachdem sie die Antwort des Wolfs erhalten haben, das Hören mit Giraffenohren üben.

Wenn Sie Giraffenohren benutzen, hören Sie keinerlei Kritik. Was für eine Erleichterung! Können Sie sich das vorstellen?

Sie müssen sich nicht mehr darum kümmern, was die Leute von Ihnen denken, denn statt Gedanken hören Sie jetzt, was die Leute fühlen und was sie brauchen. Sobald Sie Giraffenohren tragen, hören Sie, was jemand beobachtet sowie seine Gefühle und Bedürfnisse, selbst wenn die Person das nicht in Worten ausdrückt. Das ist gut für Sie, denn auf diese Weise haben andere nicht die Macht, bei Ihnen Scham- und Schuldgefühle oder ein schlechtes Selbstwertgefühl auszulösen.

Das ist wunderbar für Sie, und es ist gut für die andere Person.

Wenn Sie sich mit dem verbinden, was die andere Person fühlt und was sie braucht, haben Sie viel mehr Energie, um sich um diese Bedürfnisse zu kümmern. Das bedeutet nicht, dass wir tun müssen, was die andere Person will, sondern dass wir bereit und offen dafür sind, zu verstehen, was ihre Bedürfnisse sind. Wir werden uns jetzt einige Situationen ansehen, um immer kompetenter darin zu werden, uns sofort auf die Bedürfnisse des anderen einlassen zu können und keine Kritik an uns selbst wahrzunehmen.

Beginnen wir mit der Gruppe, in der die Mutter mit ihrer Tochter spricht:

Mutter (M): Kommst du am Wochenende zu mir?

Tochter (T): Ich kann diese Woche nicht kommen, weil ich an einem Kommunikationsseminar teilnehme.

MBR: Die Giraffentochter spricht Wolfssprache, sie sagt: „Ich kann nicht." Das ist reiner Wolf, denn sie belügt ihre Mutter. Sie könnte die Mutter besuchen, aber sie will nicht, sie will etwas anderes tun. Deshalb sagt eine Giraffe nicht: „Ich kann nicht", eine Giraffe wird sagen, „Ich möchte etwas anderes machen", denn sie ist ehrlich, was ihre Bedürfnisse angeht. Und sie wird dann fragen: „Mamma, wie fühlst du dich dabei?"

Wir sind zuversichtlich, dass unsere Bedürfnisse erfüllt werden können. Die Giraffe wird sagen: „Ich habe ein Seminar, das ich besuchen möchte. Wie wäre es, wenn wir uns ein anderes Mal treffen?" Wir wollen uns vom „Ich kann nicht" befreien.

Was antwortet die Mutter?

M: Wie immer vernachlässigst du mich. Überhaupt ignorieren mich alle! Es werden also 15 Tage vergehen, ohne dass wir uns sehen. Bei den vielen Seminaren, die du machst, wird alles in deinem Kopf durcheinandergeraten. Ich sage das nur zu deinem eigenen Besten.

T (als Giraffe): Du willst mich sehen und bist besorgt, weil du Angst hast, dass ich am Ende verwirrt sein werde? Das ist mir unangenehm, weil ich dich ja sehen möchte …

MBR: Halt! Sie haben in Giraffensprache begonnen, Ihre Aufmerksamkeit war auf die Gefühle und Bedürfnisse der anderen Person gerichtet. Dieser Wolf war dabei, sich direkt vor Ihren Augen in eine Giraffe zu verwandeln. Es hat der Mutter so gutgetan, von Ihnen Aufmerksamkeit für ihre Bedürfnisse zu bekommen. Sie hätten an diesem Punkt innehalten können, um zu sehen, wie die Resonanz war. Vielleicht fühlte sich der Wolf gerade sehr gut, weil er Verständnis bekam, und er hätte gewollt, dass Sie weitermachen.

Doch kaum hat die Mutter etwas gesagt, haben Sie reagiert. Ich wünschte, Sie hätten gestoppt, als Sie begannen, auf die Gefühle und Bedürfnisse des anderen zu achten. Lesen Sie diesen Teil noch einmal und halten Sie an. Das ist ein gutes Beispiel für Giraffenohren.

T (als Giraffe): Du willst mich sehen und bist besorgt, weil du Angst hast, dass ich am Ende verwirrt sein werde?

MBR (als Mutter): Ja, aber ich weiß, wenn jemand alt ist, will niemand in seiner Nähe sein. Ich sehe schon, du bist nicht gerne bei mir, also geh ruhig und amüsiere dich.

MBR: Jetzt behalten Sie die Ohren auf, denn durch das Anhören des ersten Gefühls haben Sie der Mutter das schöne Geschenk gemacht, nach innen schauen zu können und ihren Schmerz auszudrücken. Halten Sie an den Giraffenohren fest und sagen Sie: „Mama, bist du sehr traurig und hättest du gerne die Gewissheit, dass die Menschen dich gerne um sich haben?"

M: Es ist o.k., es ist so wie immer … Ich bin es gewohnt, ignoriert zu werden.

T (als Giraffe): Ich spüre, da ist sehr viel Schmerz. Möchtest du gerne wissen, ob andere daran interessiert sind, bei dir zu sein?

M: Besonders nach allem, was ich für euch getan habe! Aber ich weiß, es gibt Menschen, die geben, und es gibt Menschen, die nur nehmen. Du gehörst zu denen, die nehmen.

MBR: Es sieht so aus, als hätten Sie ins Schwarze getroffen. Lassen Sie uns nun schauen, was geschieht.
Jetzt, wo die Mutter nicht spricht, versuchen Sie, mit Ihrer Aufmerksamkeit bei ihr zu bleiben, bis sie vollständig verstanden wurde. Dann können Sie mit Ihren Bedürfnissen antworten.
Jetzt wollen wir hören, was die Giraffe sagt.

T (als Giraffe): Es ist mir unangenehm, weil ich dich sehen möchte. Aber ich möchte auch an diesem Seminar teilnehmen. Eigentlich wünsche ich mir, dass du auch teilnimmst.

MBR: Weil sie Empathie erhalten hat, ist die Mutter jetzt freier und kann beachten, was ihre Tochter ihr sagt. Vorher konnte sie noch nicht einmal die Bitte hören, weil sie gezeigte, aber nicht verstandene Gefühle in sich hatte. Jetzt hat sie Empathie bekommen.

M: Worum geht es bei diesem Seminar?

T (als Giraffe): Man lernt, so zu kommunizieren, wie wir es jetzt getan haben. Beide Seiten bringen ihre Bedürfnisse und Gefühle zum Ausdruck. Wie hört sich das für dich an?

M: Das ist nicht die Art, wie Menschen wirklich kommunizieren.

T (als Giraffe): Heißt das, es nervt dich und du würdest lieber etwas anderes machen?

M: Nein, ich finde es sehr interessant, aber ich höre Menschen nicht auf diese Weise kommunizieren.

T (als Giraffe): Du findest es interessant, aber auch seltsam?

M: Ja.

MBR: Was ist Ihr Eindruck von diesem Dialog?

T: Das ist sehr anspruchsvoll.

MBR: Es ist eine neue Art der Kommunikation und deshalb eine Herausforderung. Es erfordert Engagement und Energie, um sie zu erlernen. Wichtig ist nur, wofür Sie Ihre Energie einsetzen wollen: Für das Innehalten und die Bewusstheit? Oder wollen Sie sie später dafür einsetzen, um Widersprüche und Konflikte zu lösen?
Gibt es weitere Reaktionen auf diese Situation?

T: Das ist eine sehr schwierige Situation, aber auch eine alltägliche.

MBR: Ich begegne dieser Art von Situation überall. Menschen tragen viel Schmerz in sich und haben das Bedürfnis, sich mit anderen zu verbinden. Aber sie drücken sich so aus, dass sie andere von sich wegstoßen. Das ist für alle sehr schmerzhaft. Sicherlich wird es viele Gelegenheiten geben, sich im Verwenden von Giraffenohren zu üben.

T: Ich habe die Giraffensprache noch nie benutzt, zumindest nicht bewusst, und ich weiß nicht, wie viel Widerstand die andere Person jemandem gegenüber haben könnte, der GFK bzw. Giraffensprache spricht.

MBR: Die andere Person wird sofort anfangen, sich in eine Giraffe zu verwandeln, weil es natürlicher ist. Diese Art von Sprache hilft den Menschen, natürlicher zu werden. Es scheint sehr schnell zu funktionieren. Ich werde Ihnen zeigen, was ich meine:

MBR (als Mutter): Niemand will mit mir zusammen sein.

MBR (als Tochter): Fühlst du dich sehr einsam und wünschst du dir mehr Kontakt zu anderen?

MBR (als Mutter): Ja, du und die anderen, ihr seid Egoisten. Ihr denkt nur an euch. Wie soll ich mich wohlfühlen, eine so egoistische Tochter zur Welt gebracht zu haben?

MBR: Sie haben jetzt gesehen, dass die Giraffe der Mutter etwas Einfühlung gegeben hat. Wenn die Tochter mit Giraffenohren hört, ist das, was die Mutter sagt, einfach ein Ausdruck von Gefühlen und Bedürfnissen. Wie es auch sei, nach einer Weile – nach einem Tag, einem Monat, einem Jahr – wird die Mutter anfangen, Giraffensprache zu sprechen, weil der Fokus auf ihren Bedürfnissen liegen wird. Sie muss nicht ständig als Wolf streiten und kämpfen. Der Wolf will nicht weiter alleine und nur in seinem Kopf leben, mit all den Urteilen wie: „Du bist egoistisch", denn das ist eine furchtbare Art zu leben. Die Giraffe fährt einfach damit fort, dem anderen eine andere Sprache zu zeigen, und nach und nach wird diese zur Gewohnheit.

2.6 Als Giraffe kommunizieren

Wenn Sie Giraffenohren tragen, gibt es keine Wölfe, denn Ihnen ist bewusst, dass Wölfe nur Giraffen mit Sprachproblemen sind. Der Wolf hat die gleichen Gefühle und Bedürfnisse wie eine Giraffe, aber er hat keine Sprache, um sie auszudrücken.

Wenden wir uns einer anderen Situation zu.

T: Es geht um eine Situation am Arbeitsplatz. Wir sind zu Unrecht von einem Vorgesetzten zurechtgewiesen worden. Er wirft uns vor, etwas schlecht oder gar nicht gemacht zu haben. Wir fühlen uns unwohl damit, denn wir denken, dass wir es richtig gemacht haben.

MBR: Zunächst einmal haben Sie als Giraffe kein Konzept von den Worten „zu Recht" oder „zu Unrecht". Wenn die andere Person sagt: „Du hast es nicht richtig gemacht", hören Sie das nicht, denn als Giraffe hören Sie keine Kritik.

Wenn Ihnen jemand sagt: „Du hast es falsch gemacht", dann fragen Sie: „Hättest du gewollt, dass ich es anders mache?"

Hören Sie den Unterschied? Die Giraffe hört nie, was im Kopf eines Wolfs vorgeht.

W: Das ist furchtbar, Sie haben es falsch gemacht, Sie sind inkompetent!

MBR: Er ist voller Urteile und Vorurteile. Wer will schon so leben?

Die Giraffe lernt aus den Reaktionen des anderen. Sie versucht zu hören, was der andere anders gewollt hätte, und sie ist viel lernbereiter, wenn sie versucht zuzuhören. Sie wird niemals darüber diskutieren, ob die Sache richtig oder falsch gemacht wurde, weil sie diese Wörter nicht in ihrem Bewusstsein hat. Stattdessen wird sie fragen: „Wolf, wünschst du dir, ich hätte es anders gemacht?" Und was sagt dann der Wolf?

T: Versuchen Sie mir zu sagen, wie ich meine Arbeit machen soll?

MBR: Das ist ein sehr grimmiger Wolf! Ich hoffe, Sie hören mit Giraffenohren zu, denn wenn jemand so redet, ist es schwer, Zuneigung für die Menschheit zu empfinden. Was haben Sie hier mit den Giraffenohren gehört?

T: Ich hatte keine Zeit, das zu beantworten.

MBR: Sie alle haben die Möglichkeit, ein wenig zu üben und mit Giraffenohren zu hören.

Wenn Sie zum Chef gehen und ihm sagen, Sie wünschten, er hätte Sie auf andere Weise gebeten, diese Dinge zu tun, wird der Chef sagen: „Wollen Sie mir beibringen, wie man diese Organisation leitet?" Wenn Sie mit Giraffenohren hören, was hören Sie dann? Versuchen Sie, sich in das hineinzuversetzen, was die andere Person fühlt und was sie braucht. Es ist nicht immer notwendig, das Gehörte laut auszusprechen. Es kann viele Gründe dafür geben, warum wir es nicht laut aussprechen wollen. Wir werden später sehen, wann es angebracht ist, etwas laut auszusprechen oder es für uns zu behalten, aber wir wollen auf jeden Fall in der Lage sein, diese Botschaft mit Giraffenohren zu empfangen.

Schauen wir mal, wie es sich laut anhören könnte: „Wolf, fühlst du …?“, und dann erahnen wir, was er fühlt: „Du hast wohl vergessen, wer hier der Boss ist. Willst du mir beibringen, wie man diese Firma leitet?“ Wie fühlt sich der Wolf? Ist er besorgt? Was ist sein Bedürfnis?

T: Er hat Angst vor Kontrollverlust.

MBR: Das ist kein Gefühl.

T: Besorgt?

MBR: Ja, und das Bedürfnis?

T: Das Bedürfnis nach Rücksicht und Respekt?

MBR: Was will er, um diese Bedürfnisse zu befriedigen?

T: Er möchte, dass ich den Job so mache, wie er es von mir verlangt hat.

MBR: O.k. Eine andere Situation.

SOHN (S): Mama, ich wünschte, du würdest mir keine Schuldgefühle machen. Ich brauche mehr Raum und mehr Freiheit.

MBR: Welche Handlung wünschen Sie sich von der Mutter, um Ihrem Bedürfnis nach mehr Raum, mehr Freiheit, mehr Zeit und mehr Autonomie gerecht zu werden? Ich hoffe, Sie sind davon überzeugt, dass es nicht die Mutter ist, die Ihnen Schuldgefühle macht. Sie können niemals eine andere Person bitten, Ihnen nicht ein bestimmtes Gefühl zu geben. Ich hoffe, Sie haben verstanden, dass es nicht das ist, was andere sagen oder tun, das in Ihnen ein bestimmtes Gefühl auslöst. Es sind die Ohren, mit denen Sie hören. Die andere Person kann die Ohren, die Sie verwenden, nicht kontrollieren. Also können wir die andere Person nicht bitten, uns keine Schuldgefühle zu machen. Was wollen wir, dass diese Mutter tut?

S: Dass sie mir die Wahl lässt, zu kommen und zu gehen, wann immer ich will.

MBR: Sie haben diese Möglichkeit bereits, ob Ihre Mutter sie Ihnen nun gibt oder nicht. Die Mutter kann Sie nicht zu etwas zwingen. Sie sind frei, zu kommen und zu gehen, wann immer Sie wollen. Diese Freiheit hatten Sie bereits als kleines Kind.

Als Giraffeneltern sind wir uns bewusst, dass wir unsere Kinder zu nichts zwingen können. Und selbst, wenn es uns nicht bewusst ist: Die Kinder wissen es. Zweijährige wissen, dass man sie nicht zwingen kann, etwas zu tun, was sie nicht wollen. Sie sagen „Nein“, egal wie groß man selbst ist. Und sie sagen auch „Nein“, wenn man sie bestraft, wenn sie nicht tun, was man sagt. Sie werden Sie später dafür bestrafen, dass Sie sie bestraft haben.

Also: Sie können nach Hause kommen oder nicht, das ist bereits jetzt Ihre Entscheidung. Was wollen wir nun von der Mutter? Wollen Sie, dass die Mutter Ihnen etwas Bestimmtes sagt?

MUTTER (M): Soll ich dir sagen, alles sei in Ordnung, obwohl ich untröstlich bin, weil mein Sohn nicht nach Hause kommen will?

S: Mama, ich möchte, dass du wiederholst, was du mich hast sagen hören, denn ich brauche Empathie. Ich will sicher sein, dass du gehört hast, was ich sagen will.

MBR: Ich denke, das ist Ihr Bedürfnis. Das Problem ist wahrscheinlich: Versteht die Mutter das Bedürfnis? Denn die Botschaft ist ziemlich kompliziert: Ich brauche mehr Autonomie und Raum für mich selbst. Mal sehen, was passiert, wenn die Giraffe sagt: „Mama, könntest du mir sagen, was du mich hast sagen hören?"

M: Du willst nicht mit mir zusammen sein.

S: Mama, ich sehe, ich habe mich nicht klar ausgedrückt. Ich habe ein anderes Bedürfnis. Es ist nicht so, dass ich dich meiden will, ich möchte mehr Zeit alleine verbringen, um mein Leben zu leben. Könntest du sagen, was du mich hast sagen hören?

M: Du willst gehen und dein Leben leben und dich nicht mehr mit mir beschäftigen müssen.

S: Ich bin dir sehr dankbar, dass du dir die Zeit genommen hast, um zu versuchen, mich zu verstehen. Es ist mir jetzt ein bisschen klarer, warum du dich gekränkt fühlst. Ich sehe, dass ich mein Bedürfnis nicht deutlich gemacht habe. Ich möchte mit dir zusammen sein, wenn ich mich dafür entscheide und wenn es etwas ist, das wir beide wollen. Und ich habe auch noch ein anderes Bedürfnis: Ich möchte ein eigenes Leben haben, also Zeit, um Dinge allein zu tun. Könntest du mir sagen, was du mich hast sagen hören?

M: Du willst also mit mir zusammen sein?

S: Ja, sehr gerne, Mama. Und ich möchte sicherstellen, dass, wenn ich mit dir zusammen bin, es aus Zuneigung geschieht. Aber ich brauche ein eigenes Leben, um auch andere Dinge zu tun. Danke, dass du das gehört hast, Mama.

MBR: Sie sehen, das ist oft die Art von Empathie, die wir brauchen.

Wie fühlen Sie sich zum jetzigen Zeitpunkt mit dem Giraffen-Modell?

T: Als Wolf!

2.7 Wie lernt ein Wolf? Wie lernt eine Giraffe?

MBR: Um immer erfahrener zu werden, braucht man viel Übung. Aber wir wollen, dass es Giraffenübung ist und keine Wolfsübung. Was ist der Unterschied? In Wolfssprache sagen wir uns, dass wir üben müssen, und versuchen deshalb, uns zum Üben zu zwingen, und das ist ein sicherer Weg, es nicht zu tun. Als Giraffe versuchen wir, uns der Absicht der GFK bewusst zu sein. Wir erinnern uns an die Qualität des Gebens, die immer wieder möglich ist, und mit diesem wunderschönen Traum wird Übung zu etwas Freudigem. Ich kann sehen: Jede kleine Übung bringt mich der Verwirklichung dieses Traums ein Stück näher.

Und es gibt auch einen großen Unterschied in der Art und Weise, wie eine Giraffe mit Fehlern umgeht: Ein Wolf will perfekt sein, daher ist jeder Fehler eine Katastrophe. Eine Giraffe hingegen will niemals perfekt sein. Eine Giraffe versucht, schrittweise weniger dumm zu werden, denn wenn man immer weniger dumm werden will, ist jeder Fehler wunderbar. Er bietet Möglichkeiten, zu lernen.

Wenn Sie hingegen perfekt sein wollen, ist jeder Fehler eine Katastrophe. Also versuchen Sie, ihn zu vermeiden. Was tut man, um Fehler zu vermeiden? Sie folgen der Philosophie, nach der man nicht aus dem Bett fallen kann, wenn man auf dem Boden schläft, und versuchen es daher erst gar nicht. Als Giraffe üben wir sehr viel und führen ein sogenanntes „Wolfsnotizbuch". Wann immer wir uns wie ein Wolf verhalten, notieren wir es dort und nutzen diese Situation später, zu einem geeigneten Zeitpunkt, zum Üben. Wenn wir zum Beispiel in einer Situation vergessen haben, Giraffenohren zu benutzen, fragen wir uns später: „Wie hat sich diese Person gefühlt, was hat sie gebraucht?" Wenn wir statt unserer Bedürfnisse, Gefühle und Empfindungen Wolfsfloskeln formuliert haben, dann lassen Sie uns üben, wie es in Giraffensprache klingen könnte.

Gibt es noch weitere Fragen?

T: Gibt es irgendwelche Schlüsselsätze, um Giraffensprache zu sprechen?

MBR: Sie stehen auf einem Arbeitsblatt. Es ist nicht kompliziert, es sind die Sätze, die im Modell stehen (siehe Anhang, Seite 81).

T: Als ich gestern nach Hause ging, überkam mich ein Gefühl der Angst. Dann habe ich meinen Kindern versprochen, dass ich ihnen erklären werde, was ich gehört habe. Kann dies neben der Verwendung eines

Notizbuchs eine nützliche Übung sein? Feedback von meinen Kindern, die sicherlich mehr Giraffe sind als ich?

MBR: Haben Sie es probiert?

T: Nein, ich hatte noch keine Zeit. Aber ich würde gerne wissen, ob Sie es für sinnvoll halten, die Kinder einzubeziehen und ihnen zu erzählen, was ich erlebt habe.

MBR: Ja, das machen viele Eltern und sie machen wunderbare Erfahrungen.

Eine Frau ging am ersten Abend nach dem Kurs nach Hause und beim Abendessen gerieten sie und ihr Mann in einen Streit. Sie hatte mehrere Urteile über ihren Mann im Kopf, aber sie wollte sehen, ob sie sich in der Giraffensprache ausdrücken konnte. Sie holte das Arbeitsblatt heraus, das Sie auch haben, und sagte zu ihrem Mann: „Wenn du sagst, was du gesagt hast, fühle ich mich …“ Sie konnte das Gefühl nicht benennen und schaute auf die Liste der Gefühlswörter. Alle Familienmitglieder versuchten, ihr zu helfen, und auf einmal wurde ihnen klar, wie lächerlich das war. Da fingen alle an zu lachen. Diese Familie wird sicher lernen, Giraffensprache zu sprechen, denn es ist ein Spiel und sie nehmen es nicht zu ernst.

Ein Mann in den Vereinigten Staaten wollte zum „Experten“ in Giraffensprache werden, sowohl zu Hause als auch am Arbeitsplatz. Deshalb trug er eine Kopie des Arbeitsblatts immer bei sich. Fing sein Chef an, Wolfssprache zu sprechen, schaute er auf dem Blatt nach, um zu antworten. Ich konnte es nicht glauben, als er mir das erzählte, und fragte nach: „Du machst das nicht wirklich, oder?“ „Doch, das tue ich wirklich, denn ich möchte dem Chef nicht die Macht geben, mich einzuschüchtern.“ Ich fragte: „Denken die Leute nicht, dass du ein bisschen komisch bist?“ Er antwortete: „Ich mache es so diskret, dass die Leute es nicht merken.“

Zu Hause jedoch ging er sehr offen damit um und erklärte seinen Kindern und seiner Frau, warum er dieses Stück Papier mit sich trug. Nach einem Monat fühlte er sich sicher. Er dachte, er bräuchte das Papier nicht mehr, und legte es weg. Eines Abends diskutierten er und sein vierjähriger Sohn über das Thema Fernsehen und es lief nicht besonders gut. Da sagte das Kind: „Papa, geh und hol das Blatt!“

3. Angewandte Giraffensprache

MBR: Guten Morgen alle miteinander. Ich bin neugierig, ob jemand gestern Abend damit begonnen hat, auf eine andere Art zu kommunizieren.

T: Alle.

T: Ich bin ins Bett gegangen.

MBR: Wenn Sie vom Schlafen sprechen, kommt mir eine kroatische Frau in den Sinn.

Als ich in Zagreb mit einer Gruppe von Kroaten arbeitete, erzählte eine Frau von ihrem tragischen Erlebnis mit serbischen Nachbarn: Sie waren in ihr Haus eingedrungen, hatten mehrere Mitglieder ihrer Familie getötet und die wenigen Überlebenden aus dem Haus geworfen. In den ersten drei Tagen des Seminars erzählte sie jedes Mal von ihren Albträumen über dieses Erlebnis. Im Traum kehrte sie in das Haus zurück, in dem jetzt die Serben wohnten, und tötete sie. Jeden Tag erzählte sie erneut diesen Albtraum. Die Gruppe gab ihr sehr viel Giraffen-Empathie.

Am vierten Tag kam sie herein und sah aus wie eine völlig andere Frau. Sie lächelte und sagte: „Ich möchte Ihnen von dem Traum erzählen, den ich heute Nacht hatte." Der Traum begann wie der Albtraum, sie ging zurück in das Haus, in dem die Serben lebten. Aber dann fuhr sie fort: „Heute Nacht im Traum habe ich mit ihnen Giraffensprache gesprochen. Daher bin ich froh, sagen zu können, dass die Giraffe auch nachts funktioniert."

3.1 Wölfe zähmen

Hat also jemand von Ihnen gestern Abend erfolgreich Wölfe gezähmt?

T: Ich weiß es nicht. Ich glaube, ich habe die ideale Situation erlebt. Wir haben zu Abend gegessen, mein Mann ist zu einer Verabredung gegangen und die Kinder haben mich gebeten, mit ihnen zu spielen. Ich habe drei Kinder, eine Achtjährige, einen Sechsjährigen und eine Einjährige. Die Kleine braucht mehr Aufmerksamkeit und die beiden anderen wollten um jeden Preis spielen. Es war Schlafenszeit für die Kleine und mein Sohn hatte verstanden, dass er noch ein wenig warten musste.

Doch dann begann die Älteste, die ein konfliktreiches Verhältnis zu ihrem Bruder hat, zu schreien: „Ich weiß, dass ihr immer alles besser wisst. Ich gehe jetzt ins Bett. Immer sagt ihr mir, was ich zu tun habe. (An die Kleine gerichtet) Nur sie versteht mich." Ich sagte zu ihr: „Wenn du ins Bett gehen willst, weil du müde bist, dann geh ins Bett. Ich mache Cecilia fertig und wenn du willst, können wir dann spielen." Sie ging mit den Worten ins Bett: „Ich schlafe nicht, glaubt bloß nicht, dass ich schlafe!" Ich brachte die Kleine ins Bett und als ich fertig war, setzte sich meine älteste Tochter zu mir aufs Sofa, sie war noch etwas aufgeregt. Dann sagte sie irgendwann: „Jetzt, wo wir allein sind, geht es mir etwas besser, ich fühle mich ruhiger" und ist in meinen Armen eingeschlafen.

MBR: In welchem Teil haben Sie Giraffensprache gesprochen?

T: In dem Moment, in dem ich sonst geschrien hätte: „Jetzt sei still, ich muss die Kleine ins Bett bringen und das Geschirr abwaschen, und wenn ihr mir nicht helft, kann ich nachher nicht mit euch spielen!" Ich habe mich zurückgehalten und ihnen gesagt, dass sie, wenn sie wollten, gehen und sich ausruhen könnten. Nach einer Weile wäre ich dann wieder für sie da.

MBR: Sie haben sich auf eine andere Art ausgedrückt, als Sie es bisher gewohnt waren. Lassen Sie uns nun noch ein wenig mit den Botschaften üben, die Sie mit Giraffenohren hören. Die Botschaft lautet: „Die Kleine bekommt die ganze Aufmerksamkeit. Ich bekomme nie Aufmerksamkeit, auf alles muss man warten."

T: Ich sollte antworten, aber das ist nicht einfach.

MBR (als Achtjährige): Ja Mama, du verstehst es, aber gib mir etwas Giraffen-Einfühlung. Das ist anders als die übliche Art des Verstehens. Setz die Giraffenohren auf und spüre, was ich fühle und was ich brauche.

T: Da ich den Tagesablauf meiner Tochter kenne und wusste, dass sie mit einer Aufführung sehr beschäftigt war, sagte ich zu ihr: „Ich kann sehen, dass du müde bist, weil du den ganzen Tag beschäftigt warst." Ich fragte sie, ob sie wirklich mit den Proben weitermachen wollte, für die sie am Samstagnachmittag von 14.00 bis 18.00 Uhr außer Haus sein musste.

MBR (als Achtjährige): Mama, bitte hör mir jetzt zu. Spürst du, was ich fühle, wenn ich sage: „Das Kind bekommt die ganze Aufmerksamkeit, ich bekomme keine Aufmerksamkeit. Es war anders, bevor sie kam."

T: Für meine Tochter war das Problem nicht die Ankunft der Kleinen, sondern die Geburt des Zweiten. Ihr Bruder ist für sie ein Störelement, weil er immer so sein will wie sie.

MBR: Bei dem jüngeren Kind kann ich zustimmen: „Aber du findest immer, er wäre so brav, und schenkst ihm immer mehr Aufmerksamkeit als mir."

Erinnern Sie sich an den magischen Satz von gestern: Fühlst du ..., weil du ... brauchst? Was ist das Gefühl dieses Wolfs?

T: Er fühlt sich vernachlässigt.

MBR: Denken Sie daran, dass vernachlässigt kein Gefühl ist. Vielleicht ist es das, was Wölfe denken, aber nicht das, was sie fühlen. Was könnte das Gefühl sein?

T: Einsam.

MBR: Fühlst du dich einsam, bist du traurig, neidisch, eifersüchtig? Sie finden das Gefühl und versuchen dann zu sehen, was das Bedürfnis ist.

T: Helfen Sie mir!

T: Bedürfnis nach Aufmerksamkeit.

MBR: Dann können Sie sagen: „Fühlst du dich einsam, traurig, eifersüchtig?"

T: Kann man dem Wolf jetzt eine Frage stellen?

MBR: Brauchst du Aufmerksamkeit?

T: Ist das Einfühlung für den Wolf?

MBR: Ja, und es bedeutet nicht, dass wir ihm jetzt Aufmerksamkeit geben müssen. Aber zu sehen, wie Menschen, wenn sie diese Art von Empathie spüren, es tolerieren können, ihre Bedürfnisse nicht erfüllt zu sehen, ist sehr erstaunlich.

Wenn ich vor Erreichen dieser Art von Verbindung zu schnell eine Erklärung abgebe wie: „Aber der Grund ist, dass ich mich um das Kind kümmern muss", oder wenn ich zu schnell versuche, das Problem zu lösen wie: „Du und ich, wir werden später zusammen sein", fühlt die Person sehr oft nicht diesen magischen Moment der Verbindung. Es ist dieser Moment, der es ihr erlaubt, besser zu tolerieren, dass ihre Bedürfnisse nicht sofort erfüllt werden. Ich freue mich, dass Sie auf eine andere Art und Weise kommuniziert haben.

Wurden letzte Nacht noch andere Wölfe gezähmt? Hatte jemand gestern Abend Kontakt mit seiner Mutter oder Schwiegermutter?

T: Ich bin mit mir selbst in Kontakt gekommen und habe gemerkt, wie viele innere Wölfe ich habe und dass ich, wenn ich mit anderen Menschen spreche, zu 90 % Wolfssprache verwende.

MBR: Das ist ein sehr wichtiger Schritt: sich der inneren Wölfe bewusst zu sein. Die andere Sache, die ich Ihnen zeigen wollte, ist, wie man diese Art von Wölfen zähmt. Ich lade Sie ein, sie zu lieben. Wir wollen sie nicht töten, wir wollen nur eine Verbindung zu den Giraffen herstellen, die in ihnen stecken. Erinnern Sie sich? Gestern sagte ich, dass Wölfe, wenn wir Giraffenohren benutzen, nur Giraffen mit Sprachproblemen sind. Dasselbe gilt für die inneren Wölfe. Wenn wir versuchen, die Bedürfnisse wahrzunehmen, machen wir uns im ersten Schritt bewusst, dass die Wölfe da sind. Wenn Sie sie entdeckt haben, werden Sie feststellen: In diesen inneren Wölfen steckt eine wunderbare Energie, die sich um Sie kümmern will. Diese Energie spürt: Da ist etwas, aber sie weiß noch nicht, wie man Giraffensprache spricht. Und so sprudeln Wolfsaussagen heraus, an sich selbst gerichtet und auch an andere.

Ich möchte Ihnen zeigen, wie das funktioniert. Erinnern Sie sich an eine an Sie selbst gerichtete Wolfsbotschaft?

T: Ich bin keine gute Mutter.

MBR: Das ist ein großer Wolf, eine Art Flammenwerfer. Dieser Wolf sorgt bestimmt dafür, dass das Leben ein bisschen traurig ist, und er glaubt, es gäbe so etwas wie eine „gute Mutter".

Aus einer ohnehin schon schwierigen Aufgabe wird so eine kaum mehr lösbare. Man will eine gute Mutter sein, obwohl es so etwas nicht gibt. Oder man denkt, statt einer guten sei man eine schlechte Mutter! Was für ein Wolf!

T: Ich leide darunter.

MBR: Natürlich. Wenn Sie glauben, dass es so etwas wie eine gute Mutter gibt, haben Sie wahrscheinlich Worte wie „du solltest eine gute Mutter sein" im Ohr. Wenn Sie beides zusammennehmen, werden Sie leiden. Oder manchmal denken Sie vielleicht, Sie wären eine schlechte Mutter. Egal, ob Sie denken, Sie sollten eine gute Mutter sein oder Sie seien eine schlechte Mutter: Sie werden weniger Energie haben, die Sie Ihren Kindern geben können. Wissen Sie, was der Wolf Ihnen dann sagen wird? „Siehst du, du bist eine schlechte Mutter."

Urteile dienen dieser Art von „Selbstbestätigung". Wenn ich mich als „schlechte Mutter" bezeichne, leide ich und habe so weniger Energie, die ich gern meinen Kindern geben würde, und der Wolf hat Gründe, mir zu sagen: „Siehst du, du bist eine schlechte Mutter." Jedes selbst gefällte Urteil darüber, wer wir sind, lässt unser Leben weniger erfüllt sein. In jedem Moment, den wir darüber nachdenken, was wir sind

oder was nicht, leben wir nicht. Statt zu leben verbringen wir unser Leben damit, unsere Handlungen zu analysieren.
Also, als Giraffe wissen wir, dass es so etwas wie eine „gute Mutter" und eine „schlechte Mutter" nicht gibt. Uns ist klar, dass wir manchmal Dinge mit unseren Kindern tun, die wir gut finden, und manchmal verhalten wir uns auf eine Art und Weise, die uns nicht gefällt. Wenn wir unseren Fokus darauf gerichtet halten, dann können wir als Mütter wachsen.

3.2 Wolfsbotschaften mit Giraffenohren hören

Wir wollen jetzt lernen, die Wölfe zu nutzen. Nehmen wir mal an, ich habe gerade meine Kinder angeschrien und mein innerer Wolf sagt zu mir: „Du bist eine schlechte Mutter, du solltest nicht so mit deinen Kindern reden, das wird ihnen schaden." Mit Giraffenohren kann ich entdecken, welch wunderbare Giraffe in dieser Botschaft steckt. Tue ich das nicht, wird der Wolf mich töten. Was ist das Gefühl dieses Wolfs?

T: Er ist traurig und entmutigt.
MBR: Und was will dieser Wolf, das er nicht bekommt?
T: Verständnis. Mit der Last der Verantwortung für die Kindererziehung fühle ich mich allein.
MBR: Das ist eine andere Botschaft. Hier zeigen wir den Teil von uns, der allein die Last der Verantwortung spürt, der sich etwas Ruhe und etwas Verständnis wünscht. Aber es gibt noch eine andere Botschaft, die besagt: „Aber du bist eine Mutter, du solltest nicht so mit den Kindern reden." Jetzt hören wir mit Giraffenohren und haben nicht mehr das Gefühl, eine schlechte Mutter zu sein. Wir hören nur die Gefühle und die Bedürfnisse und beginnen jetzt einen inneren Giraffentanz.
G: Ich bin erschöpft und brauche etwas Aufmerksamkeit für meine Bedürfnisse. Ich fühle mich so müde und einsam mit all diesem Druck, der auf mir lastet.
W: Ja, ich spüre diese Bedürfnisse und ich verstehe das alles, aber ich wünsche mir auch, dass du anders mit den Kindern redest.
G: Ja, ich teile deine Bedürfnisse, Wolf, ich spreche nicht gerne mit den Kindern auf diese Art und Weise. Ich würde wirklich gerne anders mit ihnen reden, und das könnte für mich viel einfacher sein, wenn du mir sagen würdest, was deine Bedürfnisse sind.

W: Na ja, ich tue, was ich kann, aber ich bin ein Wolf und ich spreche Wolfssprache. Trotzdem möchte ich, dass du spürst: Wenn ich dich eine „schlechte Mutter" nenne, sind da Bedürfnisse und Gefühle in mir.

MBR: Wenn wir mit unserem Bewusstsein bei unseren Bedürfnissen und Gefühlen bleiben, sehen wir: Auf beiden Seiten (die Seite, die müde ist und etwas Aufmerksamkeit möchte, und die Seite, die sich Sorgen um die Kinder macht) gibt es Giraffen, die miteinander reden können, um dafür zu sorgen, dass beide Bedürfnisse erfüllt werden.
Was halten Sie davon?

T: Ich denke, das ist eine schwierige Sache.

MBR: Ja, es ist schwierig, denn diese Inneren Wölfe reden schnell, sind schon so lange da und meistens sind wir uns ihrer nicht einmal bewusst.
Sehr oft sagen wir uns dann: „Ich bin deprimiert und ich weiß nicht, warum." Deshalb freue ich mich, dass Sie gestern Abend einen großen Teil der Arbeit getan haben. Sie brachten diesen Wolf ans Licht und konnten dann hören, was Sie zu sich selbst sagen. Deshalb haben Sie jetzt die Möglichkeit, zu tun, was ich Ihnen gerade gezeigt habe: Dafür zu sorgen, dass Ihre innere Giraffe die Bedürfnisse des Wolfes wahrnimmt.

T: Ich habe auch das Gefühl, dass ich dieses Verständnis brauche.

MBR: Ja, natürlich brauchen Sie dieses Verständnis. Gestern habe ich gesagt: Je bösartiger und gewalttätiger der Wolf erscheint, umso verzweifelter sucht er nach Empathie. Das gilt für innere wie für äußere Wölfe. Ein Mensch wird umso mehr zum Wolf, je mehr er unser Verständnis sucht. Manchmal brauche ich ein paar Sekunden, um mich daran zu erinnern, denn die ursprüngliche Mitteilung trifft mich direkt und lässt meine Giraffenohren abfallen. Deshalb sind manche Gefühle sehr hilfreich für mich: Einige Gefühle, wie etwa Wut, sagen mir, dass meine Giraffenohren gerade abgefallen sind. Wenn jemand etwas zu mir sagt und ich wütend werde, merke ich, dass ich nicht zugehört habe und in der Wolfssprache feststecke, meine Giraffenohren sind abgefallen.
Wenn sich diese Wut manifestiert, möchte ich dem Wolf als Wolf begegnen und brauche daher Rettungsmaßnahmen, um an meinen inneren Emotionen zu arbeiten. Ich atme tief ein und werde mir dessen bewusst, was mich wütend macht. Bevor ich die Giraffenohren verwende, um zu sehen, was in dem anderen Wolf lebendig ist, versuche ich, den inneren Wolf möglichst schnell zu zähmen.

Scham und Schuld sind auch wunderbare Gefühle. Auch diese besagen, dass die Giraffenohren abgefallen sind und ich mir selbst gegenüber ein Wolf bin.

Diese Gefühle sind sehr hilfreich und wecken uns auf. Sie sagen uns, dass unsere Ohren für unser eigenes Wohlbefinden nicht nützlich sind. Wir wollen keine negativen Gefühle wie Wut, Schuld oder Scham empfinden. Dennoch sind diese Gefühle wunderbar, denn sie dienen als Weckruf und machen uns darauf aufmerksam, dass wir Gedanken im Kopf haben. Sie erinnern uns daran, dass es Zeit ist, Giraffenohren zu benutzen und uns auf Bedürfnisse zu fokussieren.

T: Ich habe festgestellt: Selbst, wenn ich verstehen kann, was in der Botschaft einer Person steckt, welche Bedürfnisse und welche Gefühle da sind, reicht mir das nicht, um mit Empathie zu reagieren. Im Gegenteil, ich kann es nutzen, um Kritik zu üben.

MBR: Schauen wir mal, wie diese eben beschriebene Fähigkeit, Bedürfnisse zu verstehen und sie dann möglicherweise zur Kritik zu nutzen, funktioniert. Der Wolf erzählt Ihnen einige Dinge. Was erzählt er Ihnen?

T: Zum Beispiel den Dialog, den ich gestern zwischen Mutter und Tochter gehört habe.

MBR: Ich bin die Mutter, was sage ich?

T: Warum gehst du da morgen hin? Ist das angemessen? Die Autofahrt, die Familie …

MBR: Was sagt die Mutter?

T: Sie ist mit meiner Entscheidung nicht einverstanden.

MBR: Sie möchte, dass Sie eine andere Entscheidung treffen. Wir hören die Bedürfnisse und Gefühle. Wie verwenden Sie das nun gegen die Person?

T: Ich merke, dass ich diagnostiziere und bewerte.

MBR: Lassen Sie uns hören, was Sie sagen.

T: Ich weiß, du hättest gerne, dass ich die ganze Zeit zu Hause bleibe, so wie du es selbst zu tun pflegst.

MBR: Das Problem hier ist, dass Sie in Wolfssprache antworten. Wir müssen also sehen, wie Sie in Giraffensprache antworten können. Der erste Teil besteht darin, die Bedürfnisse und Gefühle der anderen Person wahrzunehmen und dann der Mutter mitzuteilen, was Sie fühlen und welche Bedürfnisse Sie haben.

T: Die Mutter ist besorgt, sie braucht Kontakt und möchte sicher sein, Verständnis zu bekommen.

MBR: Ja, die Mutter wurde verstanden. Sie haben die Probleme der Mutter verstanden.

T: Ich habe das Gefühl, dass ich die Giraffenohren benutzt habe.

MBR: Ja, das haben Sie. In der Tat haben Sie gezeigt, welches die Bedürfnisse der Mutter sind. Denken Sie, Sie müssen nun tun, was die andere Person will? Jetzt gehen wir einmal zurück und Sie sagen Ihrer Mutter, wie Sie sich fühlen und was Ihre Bedürfnisse sind.

T: Ich habe gesagt, ich sei daran interessiert, an dem Workshop über Gewaltfreie Kommunikation teilzunehmen.

MBR: Und was wollen Sie von Ihrer Mutter, wenn Sie ihr das sagen?

T: Ich glaube, dass unsere Kommunikation verbesserungsfähig ist und dass sie nie daran gedacht hat, ihre zu verbessern. Deshalb habe ich sie angegriffen.

MBR: Die Giraffe könnte zum Beispiel sagen: „Ich möchte keine Kritik hören, so, wie es mir oft passiert. Ich möchte versuchen, besser wahrzunehmen, was andere Menschen sagen, und ich möchte auch lernen, mich anders auszudrücken, damit andere eine Aussage nicht als Angriff empfinden. Kannst du mir wiederholen, was du mich hast sagen hören? Ich kann dann sehen, ob ich klargemacht habe, warum das für mich wichtig ist.“

T: Und meine Mutter würde sagen: „Ich habe von Leuten gehört, die zu diesen Seminaren gehen und dann Probleme mit ihren Familien haben. Diese Art von Arbeit kann Familien ruinieren.“

T2: Mir ist etwas Ähnliches passiert, ich habe Probleme mit meinen Kindern.

MBR (als Giraffe): Mama, bevor du reagierst, kannst du mir sagen, was du mich hast sagen hören? Ich stelle dir diese Frage, weil du normalerweise auf etwas reagierst, das ich nicht gesagt habe.

Sie müssen die Ohren Ihrer Mutter frei machen, damit sie hört, was Sie gesagt haben, und nicht etwas anderes. Jetzt werde ich Ihnen zeigen, wie eine Giraffe den Wolf an den Ohren ziehen kann.

G: Mutter, könntest du mir sagen was du mich hast sagen hören?

W: Ja, du sagst mir, dass dich meine Bedürfnisse nicht interessieren. Du hörst mir nicht zu, wenn ich dir Ratschläge gebe.

G: Mama, aber könntest du mir zuerst sagen, was ich dir gesagt habe?

W: Sag es noch einmal.

G: Mama, ich habe dir gesagt, dass ich gerne eine neue Art der Kommunikation lernen möchte, die mich mehr in Beziehung zu dir und anderen bringen kann. Kannst du mir sagen, was du mich hast sagen hören?

W: Statt so stur zu sein, wäre es besser, du würdest tun was ich dir sage.

G: Mama, kannst du mir sagen, was ich dir gesagt habe, was meine Gründe sind?

W: Sag es noch einmal.

G: Ich habe gesagt, ich würde gerne auf angenehmere Weise mit dir und mit anderen kommunizieren. Das ist es, was ich lernen möchte. Könntest du mir sagen, was meine Gründe dafür sind, zu diesem Seminar zu gehen?

W: Aber das sind keine Dinge, die du lernen kannst. Du solltest wissen, wie man das macht. Ich weiß es und ich musste nicht in ein Seminar gehen, um es zu lernen.

G: Mama, könntest du sagen, was du mich hast sagen hören?

W: Du hast gesagt, du würdest gerne gehen und eine angenehmere Art der Kommunikation lernen.

G: Danke, Mama, dass du mich gehört hast.

MBR: Sehen Sie, wie einfach es ist, Empathie von einem Wolf zu bekommen?

T: Verrät der Ton Ihrer Stimme, wenn Sie sagen: „Mama, kannst du wiederholen, was ich gesagt habe?“, ein wenig Ungeduld?

MBR: Wenn das passiert, ist es sehr wichtig, die Gefühle zu klären. Wenn ich frustriert bin, dann ist es notwendig zu sagen: „Mama, ich bin frustriert, ich brauche es, dass du mir zuhörst, bevor du reagierst.“ Unausgesprochene Gefühle werden von anderen fast immer als eine Form von Gewalt wahrgenommen. Wenn ich frustriert bin und es nicht sage, wird die andere Person es als Gewalt wahrnehmen – selbst wenn ich versuche, höflich zu sein. Wenn wir Angst haben und es nicht sagen, könnte man uns missverstehen und für aggressiv halten. Auch wenn wir verletzt sind und es nicht sagen, empfindet man uns sehr oft als aggressiv, vor allem, wenn wir dann noch Fragen stellen wie: „Warum hast du das getan? Wo warst du?“ In diesen Fragen stecken viele Gefühle, und wenn sie nicht offenbart werden, erscheinen wir anderen Menschen als Wölfe.

3.3 Empathie geben

Jetzt möchte ich eine kleine Übung dazu machen, wie man Menschen, die Probleme haben, Empathie gibt.

In den meisten der bisherigen Beispiele haben Sie Giraffenohren benutzt, wenn die andere Person sich auf eine Art und Weise verhalten hat, die Ihnen nicht gefiel. Ich hoffe, Sie fangen an, eine gewisse Erleichterung zu spüren, wenn Ihnen klar wird, dass wir mit diesen Ohren keine Kritik und keinen Angriff hören. Wir sehen nur hungrige Giraffen, die unerfüllte Bedürfnisse haben. So bleibt uns viel mehr Energie, um unser Leben auf angenehme Weise weiterzuleben. Wir machen uns keine Sorgen darüber, was andere von uns denken, denn wir hören nicht, was andere denken, sondern wir erahnen, was sie fühlen, und wir spüren ihre Bedürfnisse. Unsere Energie verschwenden wir nicht für Verteidigungsversuche, sondern wir nutzen sie auf Giraffenart, um uns um die Bedürfnisse anderer und um unsere eigenen Bedürfnisse zu kümmern. Wir üben uns darin, um diese Fähigkeit zu erlangen, was natürlich nicht einfach ist, weil wir gewohnt sind, wölfisch zu denken. Nur allzu leicht lassen wir uns von der Denkweise der anderen Person einnehmen.

Noch mit einem weiteren Aspekt wollen wir uns beschäftigen: Es geht nicht um Personen, die uns angreifen, sondern uns von ihren Problemen erzählen. In diesem Fall muss man aufpassen, sich nicht in einen Wolf zu verwandeln, der Probleme lösen will. Oder in einen Wolf, der glaubt, anderen helfen zu können, der meint, sie bräuchten seinen Rat, und der ihn auch dann gibt, wenn die Menschen einfach nur Empathie benötigen. Die anderen Menschen fühlen sich dann nämlich noch schlechter.

So betrachtete sich meine älteste Tochter einmal im Spiegel und rief aus: „Ich bin hässlich wie ein Schwein!" Ich sagte: „Du bist das schönste Geschöpf, das Gott je erschaffen hat", und sie platzte heraus mit: „Papa!!!", rannte davon und schlug die Tür zu. Sie brauchte Empathie und ich war stattdessen ein Wolf, der versuchte, das Problem zu lösen. Ich wollte, dass sie sich besser fühlt, und das ist der sicherste Weg, dass Menschen sich schlechter fühlen. Als Giraffen, die jemanden hören, der leidet, vergegenwärtigen wir uns einen Satz von Buddha: „Tu nichts, sei präsent." Das ist mit das Schwierigste überhaupt, weil unsere Präsenz im Hier und Jetzt gefordert ist und nicht etwa eine Projektion in die Zukunft.

T: Was ist mit einer Geste, einer Liebkosung?

MBR: Es kommt darauf an, welche Art von Energie dahintersteckt. Es wäre besser, es nicht zu tun, denn es fühlt sich wie ein Versuch an, ein Problem lösen zu wollen. Wenn diese Geste nur sagen will: „Ich bin bei dir", dann ist das Giraffensprache. Wir wollen nicht dafür sorgen, dass es der Person besser geht. Als Giraffen wissen wir, dass wir eine andere Person nicht gesund machen können. Wir haben keine Macht, anderen zu helfen. Es gibt eine sehr mächtige und stets vorhandene Energie, die durch uns wirkt. Wir sind nicht diese heilende Energie selbst, wir sind ihre Hände.

T: Was ist, wenn ich ein Gebet spreche? Bei mir ist es so, dass ich mit einer Hand Wärme aussende und währenddessen um die Hilfe des Herrn bitte.

MBR: Suchen Sie nach einem Weg, wie diese göttliche Energie wirken kann? Die Wirkung scheint sehr kraftvoll zu sein, wenn Sie der Person Ihre Präsenz schenken. Wenn Ihre Aufmerksamkeit vollständig auf diese Person gerichtet ist und sie das Gefühl hat, dass Sie ihr Ihre absolute Bereitschaft schenken, sind Sie mit Ihrer Präsenz bei ihr. Wenn Sie für diese Person beten, ist Ihre Aufmerksamkeit nicht auf sie gerichtet, weil Sie mit dem Beten beschäftigt sind.

T: Sie ist weit weg.

MBR: Ich möchte meine Aufmerksamkeit nur auf die Person richten.

T: Während ich ihre Hand halte, sende ich Wärme aus und bitte dann um göttliche Hilfe für diese meine Hilflosigkeit, das Problem lösen zu können.

MBR: Wenn Ihnen das Kraft gibt, um mit der Person in Kontakt zu kommen, freue ich mich, dass Sie das gelernt haben. Aber ich möchte, dass Sie als Gruppe heute eine andere Möglichkeit üben: Der leidenden Person Ihre absolute Teilnahme zu schenken und nicht zu versuchen, ihr durch Berührung oder Gebet zu helfen. Seien Sie einfach ganz da, mit Ihrer Präsenz und Ihrem Bewusstsein bei den Bedürfnissen und Gefühlen des anderen. Erinnern Sie sich an eine Zeit, als Sie Kopf- oder Zahnschmerzen hatten. Und dann haben Sie begonnen, ein gutes Buch zu lesen und sind vollständig darin eingetaucht. Was geschah da mit Ihrem Schmerz? Er war nicht mehr da.

T: Nein, er war nicht mehr da. Ich hatte es geschafft, mich vom Schmerz zu lösen.

MBR: Meine Aufmerksamkeit ist so sehr in etwas anderes vertieft, dass ich das Bewusstsein für das verliere, was in mir vorgeht. Aber es ist

> nicht verschwunden. Ziehe ich meine Aufmerksamkeit von dem, was ich tue, wieder ab, kommt der Schmerz zurück, er ist immer noch da. Aber meine volle Aufmerksamkeit gilt dem Buch.

In der nächsten Übung werden wir der anderen Person unsere volle Aufmerksamkeit widmen. Wir teilen uns gleich in kleine Gruppen auf und gehen ganz ähnlich vor wie gestern. Jede Kleingruppe wird sich auf eine Giraffenantwort einigen. Sie kommen dann zu mir und ich schreibe die Antwort der anderen Person auf. Ich schlage vor, dass Sie Ihre Aufmerksamkeit auf die Gefühle und Bedürfnisse der anderen Person richten. Sie haben die Möglichkeit, zu üben und die rechte Seite des Blattes zu verwenden (siehe Anhang, Seite 81).

Stellen Sie sich Folgendes vor: Ich bin einer Ihrer Freunde, wir trinken einen Kaffee und Sie bemerken, dass ich ein bisschen traurig aussehe. Ich sage Ihnen, dass mich etwas bedrückt. Sie fragen mich, was los sei, und ich sage: „Egal was ich tue, niemand ist zufrieden. Meine Mutter sagt, ich verbringe nicht genug Zeit mit ihr, dabei könnte ich zehn Stunden am Tag bei ihr sein und es wäre nicht genug. Meine Frau sagt mir, ich bin nicht genug zu Hause. Sie sagt, ich verbringe nicht genug Zeit mit den Kindern. Ich kann mich doch nicht zweiteilen, was wollen die alle von mir?“

Teilen Sie sich jetzt in Kleingruppen auf und versuchen Sie, dem armen Wolf etwas Empathie zu geben.

(Nach der Übungsphase)

MBR: Ich bin zufrieden mit dem, was wir eben gemacht haben, und ich sehe: Es ist klargeworden, wie man die Giraffenohren im Kontakt mit einer Person in Schwierigkeiten verwendet. In keiner der Kleingruppen hat sich jemand in einen Wolf verwandelt, der versucht Probleme zu lösen – auch nicht in einen psychoanalytischen Wolf. Was ich darunter verstehe, will ich Ihnen anhand eines Beispiels zeigen. Die Aufgabe, die Sie eben bearbeitet haben, habe ich einmal in einem Seminar mit 23 Psychoanalytikern gestellt. Ich hatte wieder die Rolle einer wolfsähnlichen Person übernommen, so wie eben bei Ihnen. Ich bat meine damaligen Teilnehmer, ihre Antworten aufzuschreiben und mir zu geben.

Ich schlug ihnen vor, sich in die Lage dieses von mir gespielten Wolfs zu versetzen, und sagte: „Ich lese jetzt vor, was Sie gerade geschrieben haben. Stellen Sie sich vor, Sie seien diese Person, und heben Sie die Hand, wenn die Antwort Ihnen hilft, sich besser zu fühlen." Ich habe dann alle 23 Antworten vorgelesen und nur in drei Fällen wurden Hände gehoben. An dem Punkt, an dem die Teilnehmer sich in die Lage der anderen Person versetzten und spürten, wie es sich anfühlte, diese Botschaften zu hören, konnten sie nicht glauben, dass sie so geantwortet hatten. Am häufigsten war in etwa Folgendes auf den abgegebenen Zetteln zu lesen: „Wann hat diese Situation begonnen? Warum, glauben Sie, verhalten sie sich so?"

Bei Fragen wie diesen wird Empathie mit intellektuellem Verstehen verwechselt. Das passiert, weil wir denken, es gäbe ein Problem, das wir lösen müssen. Dabei wissen wir doch: Menschen sind in der Lage, ihre Probleme selbst zu lösen, wenn sie jemanden an ihrer Seite haben. Es gibt ein Buch, das in den Vereinigten Staaten sehr populär ist: *Wenn guten Menschen Böses widerfährt,* von Harold Kushner. Der Autor, ein Rabbiner, beschreibt in diesem Buch einen tragischen Moment in seinem Leben, als sein Sohn im Sterben lag. Er erzählt auch, was diesen Albtraum noch schlimmer für ihn machte: Es waren die Dinge, die die Leute ihm sagten, damit er sich besser fühlte. Und weitaus schlimmer für ihn war: Genau die Dinge, die die Leute ihm sagten, hatte er in den zurückliegenden 20 Jahren anderen gesagt, damit sie sich besser fühlten.

Mit jemandem zusammen zu sein, der Probleme hat, und den Fokus auf seine Gefühle und Bedürfnisse zu richten ist nicht einfach. Bei der Übung eben waren alle in der Lage, die Aufmerksamkeit auf die Gefühle und Bedürfnisse des Wolfs zu richten. Einige Gruppen sind sogar auf drei Antworten gekommen, und man konnte sehen, dass der Wolf immer tiefer ging. Zuerst war er ziemlich frustriert und genervt von all den Anforderungen, die an ihn gestellt wurden, aber nach etwas Giraffen-Empathie ging er tiefer in seine Gefühle. Unter der Frustration kam er dann mit einem Gefühl der Entmutigung und schließlich mit einer ziemlich starken Verzweiflung in Berührung.

Oft ist es genau das, was jeder von uns braucht: Einfach jemanden zu haben, der an unserer Seite ist, während wir den Kontakt mit unseren Gefühlen und Bedürfnissen immer weiter vertiefen. Das ist ein ziemlich seltenes Geschenk, denn oft haben wir nicht die Möglichkeit, an all das zu gelangen, was in uns ist, und es zu berühren.

Ich nenne Ihnen nun einige Beispiele dafür, was Menschen tun, anstatt Empathie zu geben.

Jemand sagt: „Es tut mir leid, dass Sie sich so fühlen." Diese Person hat Mitleid und gibt keine Empathie. Wenn dieser Mensch sagt: „Es tut mir leid, dass Sie sich so fühlen", verschiebt er tatsächlich den Fokus von den Gefühlen der anderen Person auf seine eigenen. Auch wenn es der angesprochenen Person vielleicht guttut, dass jemand sich dafür interessiert, wie es ihr geht: Es wird ihr schwerfallen, mit all dem in Kontakt zu kommen, was in ihr vorgeht, denn der Fokus wurde von ihr auf die andere Person verschoben.

Menschen, die Wolfssprache sprechen, sagen vielleicht auch etwas wie: „Ich verstehe, wie Sie sich fühlen." „Ich verstehe" ist leicht gesagt, aber damit zeigt man nicht, was man verstanden hat.

Eine Giraffe sagt deshalb nicht „Ich verstehe Sie", sondern sie fragt: „Fühlen Sie …?" und zeigt dann, was sie verstanden hat.

Und noch ein Beispiel dafür, was Menschen, die Wolfssprache sprechen, häufiger sagen: „Ich verstehe, wie du dich fühlst. Mir ging es auch einmal so, ich erinnere mich, es war 1934 …" Wer so etwas sagt, spricht über die eigenen Gefühle. Er versucht, Verständnis zu zeigen, merkt aber nicht, dass er die andere Person vom Kontakt mit ihren eigenen Gefühlen wegführt.

In einigen Gruppen haben Sie versucht, Empathie auf nonverbale Weise zu zeigen. An einem Punkt, als der Wolf zu weinen begann und sich sehr traurig fühlte, haben Sie sich in einigen Gruppen dazu entschieden, in Stille nah bei der Person zu bleiben. Wenn der Fokus auf den Empfindungen der anderen Person bleibt, ist das eine für Giraffen sehr typische Reaktion. Sie kann der anderen Person die Möglichkeit bieten, tiefer zu gehen.

Gibt es noch Fragen?

T: Darf man fragen: „Kann ich etwas für Sie tun?"

MBR: Nicht, bevor wir ganz am Grund des Eisbergs ankommen sind, bei dem, was da ist. Kommen wir zu früh zur Lösung, bedeutet das: Wir spielen den Wolf, der versucht, das Problem zu lösen. Ich bin sehr froh, dass das keine Gruppe gemacht hat, denn dieser Wolf war noch nicht so weit, um eine Lösung zu finden. Darüber beschweren sich ganz oft Frauen, die mit Männern verheiratet sind, die im Arbeitskontext „Chef" sind und es deshalb gewohnt sind, Probleme zu lösen. Wenn die Frau versucht, ihre Gefühle auszudrücken, antwortet der Ehemann: „Was kann man tun, um das Problem zu lösen?" Die Frau bekommt nicht den Kontakt, den sie braucht, sondern eher den Eindruck, ein kaputtes Ding zu sein, das repariert werden muss. Diese Frauen mögen es nicht, wenn ihr Gegenüber sofort versucht, das Problem zu beheben oder zu lösen. Vielleicht fühlt sich der arme Ehemann dann schlecht, weil er denkt, dass seine Bemühungen nicht gewürdigt werden.

Um die Lösung des Problems kümmern wir uns erst, wenn wir Anzeichen dafür sehen, dass der andere genug Empathie bekommen hat und bereit ist, über eine Lösung nachzudenken. Jemand, der allem, was er zu sagen hat, auf den Grund gegangen ist und dem währenddessen eine andere Person mit Giraffenohren zur Seite gestanden hat, wird große Erleichterung spüren, denn es ist ein sehr schönes Gefühl, gehört zu werden. Das Problem ist noch nicht gelöst, aber allein das Gefühl – da ist ein Mensch an meiner Seite, der mit meinen Gefühlen verbunden ist und der nicht sofort versucht, mein Problem zu beheben oder zu lösen – verschafft Erleichterung. Und es ist leicht zu erkennen, ob der Kontakt hergestellt wurde: Jemand, der gehört wurde, hört auf zu sprechen.

Wenn wir sehen, dass eine Person noch mehr Dinge zu sagen hat, spiegeln und wiederholen wir, was die Person gesagt hat, um sie anzuregen, tiefer und tiefer zu gehen. Schließlich, wenn sie sich verstanden fühlt, wird sie nicht weitersprechen. Erst an diesem entscheidenden Punkt können wir darüber nachdenken, welche Art von Hilfe wir ihr anbieten wollen. Wenn ich früher bei meiner Arbeit sehr depressiven Menschen begegnete, hörte ich mir mit Giraffenohren all ihre Gefühle an, und dann war ich bereit zu überlegen, was ich noch tun könnte, um ihnen zu helfen. Wenn ich diese depressiven Menschen fragte, was sie sich wünschten, kam fast immer dieselbe Antwort: „Ich weiß nicht, was ich will!“ Und ich sagte: „Ja, das wusste ich schon. Ich habe es mir gedacht, als Sie mir sagten, Sie seien depressiv.“

„Warum?“, fragen sie dann. „Weil ich glaube, dass Menschen depressiv werden, weil ihre Bedürfnisse nicht erfüllt sind und sie diese nicht erfüllen können, weil ihnen nie beigebracht wurde, wie das geht.“

Diesen Menschen wurde beigebracht, brave Jungen und Mädchen, gute Mütter und Väter, gute Ehemänner und Ehefrauen zu sein. Wenn Sie eine dieser Personen sein wollen: Die Gewöhnung an die Tatsache, depressiv zu sein, ist die Belohnung, die Sie für Ihr Brav- und Gutsein erhalten werden.

T: Das ist aber traurig.

MBR: Wenn Sie nicht länger ein müder und deprimierter Wolf sein wollen, dann beantworten Sie meine schwierige Frage: „Was wollen Sie?“.

W: „Ich weiß nicht, was ich will!“

MBR: Eigentlich wissen wir das nie, bis wir es bekommen. Und wenn es uns dann das Leben schwer macht, stellen wir fest, dass wir es nicht wollten. Wir müssen als Menschen nicht im Voraus wissen, was wir wollen, wir brauchen den Mut, zu wählen, was wir wollen.

W: Aber ich möchte einfach nur geliebt werden. Ist das zu viel verlangt?

G: Ich verstehe nicht, was du meinst, wenn du das sagst. Was möchtest du, dass ich tue, um es dir zu beweisen?

W: Das weißt du doch bereits.

G: Aber ich bin mir nicht sicher, was du meinst. Deshalb brauche ich von dir, dass du mir sagst, was ich für dich tun kann, um dir diese Liebe zu zeigen.

W: Das ist schwierig in Worte zu fassen.

G: Wenn es für dich schwierig ist, es zu sagen: Kannst du dann verstehen, wie schwierig es für andere ist, es zu tun?

W: Darüber habe ich noch nie nachgedacht.

G: Was also soll ich tun, um dir Liebe zu zeigen?

W: Ich schäme mich und es ist mir peinlich. Wenn ich sage: „Ich möchte, dass du mich liebst“, möchte ich, dass du errätst, was ich will, noch bevor ich es selbst weiß. Und dann möchte ich, dass du es immer tust.

G: Nun danke, Wolf, dass du so deutlich warst. Jetzt kann ich dir sagen, dass ich dich nicht liebe.

3.4 Bitten, Forderungen und Macht

Wie Sie sehen, kommt ein großer Teil einer Depression daher, dass wir etwas Bestimmtes wollen, z. B. Liebe, aber Wolfsvorstellungen davon haben, was Liebe ist. Wir erkennen nicht, wie unmöglich es ist, auf diese Weise zu bekommen, was wir uns wünschen. Deshalb endet die Giraffensprache immer mit einer sehr konkreten Handlung: Was wollen Sie, dass die andere Person tut? Als Giraffen sagen wir vielleicht: „Ich fühle mich entmutigt, weil ich nicht die Liebe bekomme, die ich brauche." Aber wir bleiben hier nicht stehen, sondern stellen anschließend eine ganz klare Bitte, damit wir bekommen, was wir wollen. Fragen?

T: Wenn man eine sehr klare Bitte äußert und diese nicht erfüllt wird, bedeutet das, dass die Bitte nicht klar genug war?

MBR: Wenn wir eine klare Bitte an die andere Person richten und die Person nicht tut, worum wir sie gebeten haben, dann liegt das meistens daran, dass die Person keine Bitte, sondern eine Forderung gehört hat. Wenn die Person eine Forderung wahrnimmt, hat sie zwei Möglichkeiten: sich zu unterwerfen oder zu rebellieren. In beiden Fällen haben wir verloren. Es ist wichtig, sich dessen bewusst zu sein.

Wenn die Person nicht tut, worum wir sie gebeten haben, ist das Problem nicht, dass unsere Bitte nicht erfüllt wurde. Es gibt ein ernsteres Problem: Wie bringen wir die andere Person dazu, unsere Bitte als solche und nicht als Forderung zu hören? Denn solange uns das nicht gelingt, werden wir unsere Bedürfnisse nicht erfüllt sehen. Wenn der andere aufgibt und tut, was wir wollen, befriedigt das nicht unsere Bedürfnisse. Deshalb wollen wir wissen, wie wir solche Wölfe erziehen und anleiten können.

Als Giraffe bin ich mir bewusst, dass ich nicht auf Kosten einer anderen Person und diese nicht auf meine Kosten Befriedigung erlangen kann: Ihr Wohlbefinden ist auch mein Wohlbefinden. Es ist für mich genauso wichtig, dass die Bedürfnisse des anderen erfüllt werden, wie es für den anderen wichtig ist, dass meine erfüllt werden. Wenn die andere Person darauf vertraut, dass das für mich so ist, habe ich es nie als schwierig empfunden, Differenzen aufzulösen. Aber solange die andere Person das nicht spürt, wird sie ihre ganze Energie darauf verwenden, sich selbst zu schützen.

T: Das gilt vor allem in hierarchischen Zusammenhängen, wo die Vorgesetzten nicht im Entferntesten daran zweifeln, dass sie von den Untergebenen verlangen dürfen, wie diese sich zu verhalten haben.

MBR: Sie haben die Macht zu bestrafen, aber sie haben nicht die Macht, andere dazu zu bringen, auf eine bestimmte Weise zu handeln. Jeder von uns wählt, was er tut. Der Vorgesetzte kann Sie zu nichts zwingen. Für mich ist das von entscheidender Bedeutung und ich möchte, dass alle Menschen sich dieser Tatsache bewusst sind.

Der Kriegsverbrecher Otto Adolf Eichmann wurde in seinem Prozess gefragt, wie er Millionen von Menschen hatte in den Tod schicken können. Er antwortete: Aufgrund der verwendeten Sprache sei es leicht gewesen. Auf die Frage, was er damit meine, sagte er: „Meine Kollegen und ich hatten unsere eigene Sprache, wir nannten sie ‚Amtssprache'. Für alles, was getan wurde, hatten wir Ausdrücke, die die persönliche Verantwortung leugneten: ‚Wir mussten es tun', ‚Wir hatten keine Wahl', ‚Befehle von oben', ‚Firmenpolitik', ‚Das ist das Gesetz'." Diese Art von Sprache leugnet die persönliche Verantwortung für die eigenen Handlungen.

Giraffen sind sich bewusst, dass uns niemand zu etwas zwingen kann. Wir tun tatsächlich nie etwas, für das wir uns nicht selbst entschieden haben.

Der Chef sagt also: „Sie müssen das machen."

Ich: „Boss, möchten Sie, dass ich es tue?"

Chef: „Es hat nichts damit zu tun, was ich will. Sie müssen es tun."

Die Giraffe nimmt einfach wahr, dass der Chef möchte, dass eine bestimmte Sache getan wird.

Als mein Sohn an seinem ersten Schultag an einer Wolfsschule (die ersten sechs Schuljahre hatte er an einer von mir mit aufgebauten Giraffenschule verbracht) nach Hause kam, fragte ich ihn, wie es gelaufen sei. Er antwortete: „Gut, Papa, aber kaum war ich durch die Tür, kam ein Lehrer auf mich zu und sagte: ‚Schaut euch dieses hübsche kleine Mädchen an!'" Erraten Sie, worauf sich der Lehrer bezogen hatte? Mein Sohn hatte schulterlanges Haar. Ich fühlte mich von dieser Art und Weise, einen neuen Schüler zu begrüßen, ziemlich genervt. Da wurde das Wort „Mädchen" benutzt, als wäre es eine Beleidigung!

Ich fragte meinen Sohn, wie er reagiert habe, und er sagte: „Ich habe mich daran erinnert, Papa, was du mir über Wolfseinrichtungen gesagt hast, und zwar, dass ich niemals einem anderen die Macht geben darf, mich zum Unterwerfen oder Rebellieren zu bringen.“ Als ich nachfragte, was er getan habe, sagte er: „Ich habe einfach versucht, seine Gefühle und Bedürfnisse wahrzunehmen.“ Ich war sehr froh, dass er daran gedacht hatte, und fragte ihn, was er verstanden habe: „Ich habe verstanden, dass er genervt war und wollte, dass ich mir die Haare schneide.“ Ich fragte ihn, wie er sich zu diesem Zeitpunkt gefühlt habe, und er sagte: „Ich war traurig für diesen Mann, weil er eine Glatze und anscheinend ein Problem mit Haaren hat.“

Unseren Vorgesetzten bringen wir deshalb respektvoll Verständnis für ihre Bedürfnisse und Gefühle entgegen – aber niemals unterwerfen wir uns oder rebellieren wir. Denn auch Rebellion ist eine Form, anderen Macht zu geben. Tatsächlich wissen wir als Giraffen, dass niemand diese Macht hat, weil wir wirklich nur das tun, wofür wir uns entscheiden. Das bedeutet nicht, dass wir alles, was wir tun, mögen, sondern dass wir uns bewusst sind, dass wir selbst gewählt haben, es zu tun.

T: Das ist interessant! Ich würde gerne auch wissen, welches Wort es für „gewinnen“ im Giraffenvokabular gibt.

MBR: Giraffen lieben Macht, aber das Giraffenkonzept von Macht unterscheidet sich radikal vom Wolfskonzept. Das Wolfskonzept von Macht bedeutet Macht „über andere“, während Giraffen an Macht „mit anderen“ interessiert sind.

Einmal wurde ich für ein Seminar in ein Gefängnis gerufen, in dem es Insassen gab, die sich besonders gewalttätig verhalten hatten. Am ersten Seminartag sprachen sie alle über eine Wrestling-Show, die sie am Abend zuvor im Fernsehen gesehen hatten. Sie diskutierten darüber, dass sich einer dieser Athleten einen Stuhl aus dem Zuschauerraum genommen und ihn auf dem Kopf eines anderen Wrestlers zertrümmert hatte, was bei diesem eine Schnittwunde verursachte. Ein junger Häftling sagte: „Hast du das gesehen? Das war doch Klasse! War das nicht genial? Habt ihr gesehen, wie er ihn dann zu Boden geworfen hat?“ Und alle erinnerten sich mit großem Vergnügen an diese Situationen. Einer von ihnen merkte, dass mir das Gespräch nicht sehr gefiel, und wollte wissen: „Hast du den Kampf gesehen?“, und er fragte mich, wie es mir mit dem, was sie sagten, ginge.

Ich antwortete: „Um die Wahrheit zu sagen, ich fühle mich ein wenig unwohl.“ „Warum?“ „Weil ich darüber nachgedacht habe, wie wir Männer in die Irre geführt werden.“ Sie fragten mich, was ich meinte, also fuhr ich fort: „Uns wurde beigebracht, Freude zu empfinden, wenn wir sehen, wie jemand verprügelt wird." „Was ist daran falsch? Er hatte es verdient."

„Ich sage nicht, dass es falsch ist. Ich glaube einfach, dass es Wertvolleres im Leben gibt, aber wir Männer sind ausgetrickst worden, um dieser Art von Dingen Wert beizumessen." Er: „Was gibt es Wertvolleres im Leben?" Ich fragte, ob jemand von ihnen, ohne dazu gezwungen worden zu sein, je etwas getan habe, das einem anderen Menschen gutgetan hatte. Der Anführer der Gruppe antwortete: „Ja, ja, Mann, ich verstehe, was Sie meinen. Bevor ich ins Gefängnis kam, begleitete ich meine Tante beim Einkaufen. Sie wohnt in einer üblen Gegend, und wäre sie alleine gegangen, hätte man sie ausgeraubt. Also fuhr ich jede Woche mit ihr durch die Stadt und ich tat es, obwohl ich es nicht tun musste."

Ich fragte ihn, wie er sich dabei gefühlt habe, und ein wunderschönes Lächeln erschien auf dem Gesicht dieses Mannes. Aufgrund vieler Straßenkämpfe fehlte die Hälfte seiner Zähne, aber er sagte mir: „Ich fühlte mich großartig, mein Freund!" Allein durch die Erinnerung fühlte er sich sehr gut. Diese harten Kerle konnten es kaum erwarten, sich an eine Zeit zu erinnern, in der sie etwas getan hatten, damit sich eine andere Person gut fühlte.

Keiner von uns verliert jemals den Giraffenteil. Wenn aber alle um uns herum diese Art von Wolfsspiel spielen, wirkt sich das nachhaltig auf unser Handeln aus, bis wir vergessen, was uns wirklich guttut.

Ich war noch nie in einer Gruppe, in der es nicht möglich war, sich an den Giraffenteil zu erinnern, auch wenn das manchmal eine Weile dauerte. Vor zwei Monaten übernahm ich in einem Gefängnis in Chile die Rolle eines Gefängniswärters. Das war der Wunsch eines Mannes aus der Gruppe, mit der ich dort arbeitete. Er hatte mich gebeten, Giraffenohren zu benutzen, weil er von mir als Gefängniswärter etwas Empathie bekommen wollte. Etwas Empathie dafür, wie es sich anfühlt, neun Monate lang gefoltert zu werden. Wir mussten an diesem Tag sehr hart arbeiten, um diesem Mann die nötige Empathie zu geben, denn er wollte nur die Wärter bestrafen. Er hatte den Kontakt zu seiner Giraffenseite verloren.

Viele Menschen, die tief verletzt wurden, wirken wie Wölfe. Sie reden nur darüber, dass sie anderen wehtun wollen, aber wenn sie Empathie für ihren Schmerz bekommen, können sie wieder in Kontakt mit ihrer Giraffenseite kommen.

3.5 Giraffensprache und Liebe

MBR: Wir werden nun üben, GFK in Paarbeziehungen anzuwenden. In meiner Arbeit sehe ich die unterschiedlichsten Arten von Konflikten, aber die zwischen Beziehungspartnern können wirklich sehr heftig sein, da braucht man richtig gute Giraffenohren.
Ein Teil des Problems ist, wie Wölfe Liebe definieren. Für einen Wolf bedeutet Liebe, seine eigenen Bedürfnisse zu verleugnen und sich dem anderen hinzugeben. Das ist ein sicherer Weg, die Person, die Sie lieben, zu einer Plage werden zu lassen. Einem Menschen, den Sie lieben, teilen Sie Ihre Wünsche mit, z. B., dass Sie möchten, dass er mit Ihnen zu einem GFK-Seminar geht.

W: Es gibt viele Situationen, in denen ich keine Lust habe zu tun, worum du mich bittest, aber ich tue es, weil ich dich liebe.

G: Bitte, Wolf, liebe mich nicht auf diese Weise. Ich muss zu viel für diese Art von Liebe zahlen! Liebe als Selbstaufopferung zu definieren ist ein sicherer Weg, dass man am Ende die Person hasst, die man zuvor liebte.

Giraffen definieren Liebe deshalb ganz anders. Sie kennen bereits die Giraffendefinition von Liebe: GFK zu sprechen. Liebe bedeutet, die eigenen Bedürfnisse ehrlich und kritiklos zu offenbaren, ohne Forderungen zu stellen, und die Bedürfnisse des anderen mit Empathie anzunehmen, ohne Kritik oder Forderungen zu hören.

Das bedeutet, wenn wir dem anderen etwas geben, geben wir uns selbst etwas, denn in diesem Geben steckt kein Verzicht.

Ich spüre, dass Sie mir ein Geschenk machen, indem Sie mir die Möglichkeit geben, Ihnen zu geben! Beziehungspartner können Giraffensprache sprechen. Mal sehen, wie Sie das schaffen.

Schreiben Sie auf, was die Giraffe sagt, und ich werde Ihnen die Antwort des Wolfs geben. Sie können entscheiden, wer von den Partner/inne/n der Wolf ist. Schreiben Sie den ersten Satz der Person auf, die klassische Giraffensprache spricht, dann schreiben Sie den zweiten Satz auf: „Du verletzt mich, wenn du das sagst“, dann schreiben Sie die Antwort auf, die die Giraffe diesem Wolf gibt. Sie haben 20 Minuten Zeit.

(Gruppenarbeitsphase)

Was den ersten Teil betrifft – Gefühle und Bedürfnisse auszudrücken –, haben alle Gruppen gut gearbeitet. Aber wenn wir uns diese Situationen genauer anschauen, werden wir sehen, dass Sie die Sätze nicht mit einer offenen Erklärung dessen abgeschlossen haben, was Sie wollen. Sie haben die Bitte vergessen, die klärt, was Sie von der Person wollen, nachdem Sie ihr gegenüber Ihre Gefühle und Bedürfnisse zum Ausdruck gebracht haben. Wenn Sie einer anderen Person Ihre Bedürfnisse und Gefühle offenbaren, aber nicht klären, was Sie von ihr wollen, kann das Verwirrung stiften und die Wahrscheinlichkeit erhöhen, dass es zu Missverständnissen kommt. Lassen Sie mich Ihnen zeigen, was ich meine.

Ich war im Zug unterwegs und saß zwischen einem Mann und einer Frau. Es war ein Zug zum Flughafen und er fuhr sehr langsam. Der Mann sagte: „In meinem ganzen Leben habe ich noch nie einen Zug so langsam fahren sehen!" Er sagte das zu seiner Frau und er fühlte sich sehr unwohl, aber er sagte nicht, was er von ihr zurückwollte. Viele Menschen haben diese Art von Bewusstsein nicht.

In einer Wolfskultur redet jeder, ohne zu wissen, wie er sich anderen verständlich machen kann. Versetzen Sie sich in die Lage der Frau: Sie sieht, dass ihr Mann wütend ist, und sie kann verstehen, dass er besorgt ist, weil er Angst hat, das Flugzeug zu verpassen. Aber sie fragt sich, was er von ihr will, und sagt deshalb nichts. Der Ehemann bekommt von ihr nicht das zurück, was er braucht. Er ist sich dessen wahrscheinlich nicht einmal bewusst, und hätte ihn jemand danach gefragt, hätte er geantwortet, dass er das mit dem Zug einfach nur habe sagen wollen.

Ich glaube nicht, dass das stimmt. Wir sagen etwas nicht allein deshalb, weil wir es sagen wollen. Wenn wir jemandem etwas sagen, wollen wir etwas zurück. Dieser Mann war sich dessen nicht bewusst, und so bekam er nicht, was er von seiner Frau wollte. Also tat er, was viele Menschen tun, wenn sie im Gespräch nicht bekommen, was sie sich wünschen. Er wiederholte sich: „Ich habe in meinem ganzen Leben noch nie einen Zug so langsam fahren sehen!" Seine Frau wusste nicht, was er wollte, wusste nicht, was sie sagen sollte, und antwortete: „Die Reisezeit ist elektronisch eingestellt." Glauben Sie, das war die Antwort, die der Ehemann wollte? Ich glaube nicht, dass es ihm um Informationen über den Zug ging. Aber er hat nicht gesagt, was er wollte, und das passiert oft, wenn wir unsere Bedürfnisse nicht explizit machen. Wir können vieles zurückbekommen, das wir eigentlich nicht wollen. Der Mann hatte offensichtlich nicht das zurückbekommen, was er wollte. Also wiederholte er erneut: „In meinem ganzen Leben habe ich noch nie einen Zug so langsam fahren sehen!"

Die verzweifelte Frau antwortete: „Na, was soll ich denn machen? Willst du, dass ich aussteige und schiebe?"

Ich glaube, Sie haben sich in jeder Gruppe ein bisschen wie der Mann im Zug verhalten. Sie haben Ihre Sätze nicht mit dem beendet, was Sie vom Wolf zurückhaben wollen.

T: Hier ist eine Giraffensituation: „Gestern habe ich mich mit deinen Freunden unwohl gefühlt."
W: Du verletzt mich, wenn du das sagst!
MBR: Sie sagten „Gestern habe ich mich mit deinen Freunden unwohl gefühlt" und weiter nichts. Es ist wie die Situation mit dem Mann im Zug. Sie sagen, dass Sie sich unwohl fühlen wegen etwas, das gestern passiert ist, aber Sie sagen nicht, was Sie in diesem Moment vom Wolf wollen.
T: Hätte man sagen sollen, wie man sich fühlt und was man möchte?
MBR: Ja, ich hätte mir gewünscht, dass Sie beides ausdrücken. Deshalb habe ich Sie mit dem Wolf in Schwierigkeiten gebracht. Was ist dann passiert? Wie haben Sie darauf reagiert, dass der Wolf sagte: „Du verletzt mich, wenn du das sagst?"
T: Bedauerst du, dass ich dir meinen Gemütszustand mitgeteilt habe?
MBR: Sie haben über etwas gesprochen, das in der Vergangenheit passiert ist, ohne mehr darüber zu sagen, und viele Wölfe empfinden das als Angriff. Wollen Sie diesem Wolf noch etwas anderes sagen?
T: Wir denken, dass wir neutral geblieben sind und unseren Gemütszustand ausgedrückt haben, ohne den anderen anzugreifen.
MBR: Ja, das stimmt. Im ersten Teil haben Sie ein Gefühl geäußert, ohne Kritik zu üben, aber Sie haben keine Bitte formuliert. Ohne Benennung des Bedürfnisses ist das, was Sie sagen, nur Ihr Gefühl des Unbehagens. Das macht es dem Wolf leicht zu glauben, Sie hätten es nur gesagt, um ihn zu kritisieren.

Wichtig wäre hier gewesen, etwas über Ihre Bedürfnisse zu sagen, die durch die Anwesenheit der Freunde nicht erfüllt wurden, und ebenso, was Sie aktuell vom Wolf zurückhaben wollen. In Giraffensprache endet man immer in der Gegenwart.

Schauen wir uns eine andere Situation an.

T: Du bist gestern nicht mit mir zum Elternsprechtag gegangen, um mit den Lehrern unseres Sohnes zu sprechen. Da habe ich mich einsam gefühlt.

MBR: Bis zu diesem Moment ist es perfekt. Was dann?

T: Der Wolf antwortet: „Du verletzt mich, wenn du das sagst."

MBR: Warum hören Sie auf, bevor Sie eine Bitte gestellt haben?

T: Nachdem ich gesagt habe, dass ich einsam war, würde ich ihn fragen: „Jetzt will ich mit dir darüber reden."

MBR: Wenn Sie zu einer anderen Person sagen: „Ich möchte mit Ihnen darüber reden", sagen Sie, was *Sie* tun wollen. Sie sagen nicht, welche Handlung Sie von der anderen Person wollen. Das Letzte, was aus dem Mund der Giraffe kommt, ist: „Ich möchte, dass du …", nicht: „Ich möchte, dass …".

T: „Ich möchte, dass du mir zuhörst" ist Giraffensprache?

MBR: Immerhin haben Sie jetzt gesagt „Ich möchte, dass du …", aber das Wort *zuhören* ist nicht klar genug.

Sie sagen nicht konkret, welche Handlung Sie sich von der anderen Person wünschen. Ich möchte Ihnen bei diesem letzten Teil etwas helfen. Sehr oft lautet der Satz: „Ich möchte, dass du mir sagst …" Wenn wir etwas zu jemandem sagen und diese Sache für uns von Bedeutung ist, brauchen wir eine Rückmeldung, die uns zwei Dinge verrät.

1. Wir wollen überprüfen, ob der andere verstanden hat, was wir sagen wollten. Deshalb sage ich nicht: „Ich möchte, dass du mir zuhörst", sondern ich sage: „Ich möchte, dass du mir sagst, was du mich hast sagen hören." Vielleicht haben wir das Gefühl, die Person hat verstanden, was wir sagen wollten. Allein durch die Art und Weise, wie die Person uns zugehört hat, fühlen wir uns verstanden, und es ist deshalb nicht immer notwendig, dass sie wiederholt, was sie uns sagen hörte.
2. Sind wir mit dem Punkt Verständnis zufrieden, wollen wir eine ehrliche Rückmeldung von der anderen Person. Wir möchten, dass Sie uns sagt, was Sie von dem hält, was wir ihr gerade gesagt haben. Oder wir könnten Sie bitten, uns mitzuteilen, ob Sie mit den Dingen einverstanden ist, die wir vorgeschlagen haben. Wir wollen unser Anliegen klar vor Augen haben und es präzise formulieren.

Der Wolf sagt: „Du verletzt mich, wenn du das sagst." Was antworten Sie?

T: Ich wüsste gerne, ob du bereit bist zu tun, was ich vorgeschlagen habe.

MBR: Hat der Wolf etwas geantwortet?

T: Er hat sich abgewendet.

MBR: Was würden Sie sagen, wenn sich der Wolf abwendet?

T: Was passiert gerade?

W: Ich will meine Freunde treffen.

MBR: Hier ist ein weiteres Beispiel. Beachten Sie: Der Wolf sagt „Ich will …“, nicht: „Ich will, dass du …“ Das macht einen großen Unterschied. Wenn ich einfach nur sage: „Ich will meine Freunde treffen“, signalisiere ich damit keinerlei Interesse für die anderen. Es bedeutet nur, dass der Wolf tut, was er will, ohne sich um die andere Person zu kümmern.
Die Giraffe sagt: „Ich möchte meine Freunde treffen und ich möchte, dass du mir sagst, wie es dir damit geht.“ Auf diese Weise zeigen wir, dass wir bereit sind, einen Dialog mit der anderen Person zu führen. Das heißt nicht, dass der Wolf es nicht trotzdem persönlich nimmt, der Wolf kann weiterhin sagen: „Mich verletzt, was du sagst.“ Und was antwortet die Giraffe dann?

T: Fühlst du dich verletzt, weil ich für mich Zeit haben möchte, um mit meinen Freunden auszugehen?

MBR: Oh, das ist gefährlich, Sie sagen: „Du fühlst dich verletzt, weil ich …“ Sie übernehmen die Verantwortung für die Gefühle des anderen. Der Wolf liebt diese Situationen, er passt sich ihnen perfekt an. Er wird sagen: „Ich fühle mich verletzt, weil du …“, und dann geht die Giraffe in die Falle: „Du fühlst dich verletzt, weil ich …“ Der Giraffe ist bewusst, dass sie niemanden verletzen kann. Unsere Bedürfnisse und unsere Ehrlichkeit können niemals einen anderen Menschen verletzen. Es ist nie: „Du fühlst …, weil ich …“, sondern immer: „Du fühlst …, weil du …“

G: Fühlst du dich verletzt, weil du gerne mit mir zusammen gewesen wärst?

T: Ich könnte einfach sagen: „Warum fühlst du dich so?“

MBR: Das ist Wolfssprache.

T: Warum?

MBR: In mehr als 18 Ländern habe ich jeweils Menschen gefragt, welcher Satz am schwierigsten mit Giraffenohren zu hören sei, und fast überall standen Fragen, die mit „warum“ beginnen, ganz oben auf der Liste. Warum sind Fragen, die mit „warum“ beginnen, so schwierig? Weil Menschen hinter Warum-Fragen oft viele Gefühle verbergen. Vielleicht sind sie frustriert oder verletzt. Und wie ich schon sagte, werden unausgesprochene Gefühle von der anderen Person fast immer als Aggression wahrgenommen.

Als meine Frau einmal sagte, sie müsse noch etwas erledigen, fragte ich sie: „Warum? Wohin gehst du?“ Sie reagierte, als wäre sie von einem Wolf angefallen worden, und mir wurde klar, dass ich nicht gesagt hatte, welche Gefühle mich dazu veranlasst hatten, diese Frage zu stellen. – Ich fühlte mich besorgt. Ich fragte mich, ob sie vergessen haben könnte, dass wir beschlossen hatten, den Abend gemeinsam zu verbringen. Aber das hatte ich ihr nicht mitgeteilt. Vielmehr hatte ich ihr diese Frage gestellt, die sie sofort als Angriff auffasste.

Solche Auswirkungen haben insbesondere Warum-Fragen. In der Wolfskultur stellt man diese Fragen normalerweise dann, um zu wissen, ob jemand es verdient, bestraft zu werden. Diese Verbindung erkennen wir bereits als Kinder: Fragen, die mit „warum“ beginnen, führen zu einer Bestrafung, wenn man die falsche Antwort gibt.

Das bedeutet nicht, dass wir jedes Mal die Gefühle hinter den Fragen ausdrücken müssen. Wenn ich einfach nur neugierig bin und es keine Spannungen zwischen mir und der anderen Person gibt, kann ich ruhig fragen: „Warum hast du das gemacht?“ Aber wenn da ein Gefühl wie Frustration oder Schmerz ist, wird es durchsickern, noch bevor die Frage beantwortet wird.

T: Man drückt also besser seine Gefühle aus, bevor man die Frage stellt?

MBR: Ja. Hat eine andere Gruppe eine Situation für uns?

T: Bei uns ist der erste Satz derselbe wie in der vorherigen Gruppe: „Ich möchte das nächste Wochenende gerne mit meinen Freundinnen verbringen.“ Der Wolf antwortet: „Du verletzt mich, wenn du das sagst.“

T (als Giraffe): Wünschst du dir, dass wir das Wochenende zusammen verbringen?

MBR: Ich mag diese Empathie.

T: Und der Wolf antwortet: „Ich bin es leid, mich mit Krümeln zu begnügen, während deine Freunde das Beste von dir bekommen.“

MBR: Das ist ein sehr poetischer Wolf: „Ich bin es leid, mich mit Krümeln zu begnügen, während andere das Beste von dir bekommen.“

G: Du bist also sehr genervt und möchtest das Wochenende mit mir verbringen?

W: Ja.

Das heißt nicht, dass die Giraffe ihre Bedürfnisse aufgeben muss.

G: Ich würde gerne meine Zeit mit dir verbringen und ich würde es gerne zu einem anderen Zeitpunkt tun, nicht an diesem Wochenende. Was meinst du?

W: Ich möchte dieses Wochenende zu Hause bleiben, wir verbringen nie Zeit miteinander.

G: Du möchtest also, dass wir mehr Zeit miteinander haben?

W: Ja.

G: Es tut mir leid, wenn du das sagst, denn ich hätte gerne, dass du anerkennst, dass ich in dieser Woche jeden Abend zu Hause war, während du Fußball im Fernsehen geschaut hast. Es fällt mir schwer zu verstehen, warum du so viel Zeit vor dem Fernseher verbringst, wenn du Kontakt willst.

W: Nun, das ist etwas anderes, das sind wichtige Spiele.

G: Mir ist klar, wie sehr du Fußball liebst, und ich möchte, dass du ihn genießt. Und ich möchte auch das Vergnügen der Gesellschaft meiner Freundinnen haben. Ich möchte, dass du einsiehst, dass dies eins meiner Bedürfnisse ist, ohne zu sagen, dass du dich dadurch verletzt fühlst. Ich möchte, dass du mir sagst, was dein Bedürfnis ist.

Gibt es Fragen dazu? Dann eine andere Gruppe.

T (als Giraffe): Ich möchte gerne allein sein.

W: Du tust mir weh, wenn du das sagst.

G: Fühlst du dich verletzt, weil du dich ausgeschlossen fühlst?

W: Ja.

MBR: Ich bin froh, dass Sie gesagt haben: „Du fühlst dich verletzt, weil du …“, und nicht „weil ich“. Sie haben gehört, was der Wolf sagt. Der direkteste Weg, Menschen zu erreichen, ist über ihre Bedürfnisse. Es ist besser, die Bedürfnisse der Menschen zu hören als ihre Gedanken. Also, was sagt der Wolf?

T (als Wolf): Ja.

G: Es ist mir unangenehm, weil ich meine Bedürfnisse nicht gut erklären kann, und ich möchte, dass wir darüber sprechen.

W: Ich habe keine Lust, darüber zu reden.

MBR: Hier ist eine Botschaft, bei der es wichtig ist, sie mit Giraffenohren zu hören: „Ich möchte nicht darüber reden.“
Erinnern Sie sich, was wir über den Unterschied zwischen dem, was Sie wollen, und dem, was Sie nicht wollen, gesagt haben? Dass es wichtiger ist zu verstehen, was die andere Person will, als das, was sie nicht will. Die Giraffe hört nicht: „Ich will nicht darüber reden“, die Giraffe

versucht zu erkennen, welche Bedürfnisse der Wolf in diesem Satz versteckt.

G: Fühlst du dich verletzt, weil du etwas gemeinsam mit mir unternehmen wolltest?

W: Aber ich habe dir doch gesagt, dass ich nicht darüber reden will.

G: Fühlst du dich etwas genervt und möchtest du, dass ich das, was du gesagt hast, berücksichtige?

W: Ja, was nützt es zu reden, wenn du nicht verstehst?

G: Du möchtest also verstanden werden, wenn du sprichst?

W: Ja, ich möchte sichergehen, dass ich verstanden werde.

MBR: Sehen Sie, es ist nicht so, dass der Wolf nicht sprechen will. Er will nur sicher sein, dass er auch Verständnis bekommt, wenn er etwas sagt.

G: Wolf, ich möchte dich etwas fragen: Sagst du mir, wie ich dir mitteilen kann, dass ich dich verstehe, auch dann, wenn ich mit dem, was du mich gefragt hast, nicht einverstanden bin?

W: Ich weiß es nicht …

G: Ich hoffe, du kannst verstehen, wie frustrierend das für mich ist. Wenn ich also nicht zustimme, das zu tun, was du willst, bedeutet das für dich, dass ich dich nicht verstehe. Ich möchte, dass du mir etwas Raum gibst und dass du weißt, dass ich andere Bedürfnisse haben kann. Ich würde gerne wissen, wie du dich fühlst, wenn ich dir diese Dinge sage.

W: Darüber muss ich erst nachdenken!

Das ist ein Wolf, der geliebt werden will. Er ist sich dessen, was er will, nicht bewusst, aber er wünscht sich, dass der andere es errät und immer dazu bereit ist, es zu tun. Auch hier sehen wir wieder, dass die Person verstanden werden möchte, Verständnis aber mit Zustimmung und Erfüllung der eigenen Wünsche verwechselt. Wir sehen hier, dass Worte wie „Verständnis“ in Liebesbeziehungen zu einigen Missverständnissen führen können, wenn wir uns nicht klar darüber sind, was genau wir wollen.

Hören wir uns an, was eine andere Gruppe beizutragen hat.

T: Was tut man, wenn der Wolf einfach geht, wenn man ihn bittet zu reden?

MBR: Entscheiden Sie sich, mit welchen Ohren Sie hören wollen. Das ist eine wichtige Wahl, die Sie treffen, denn wenn die Person weggeht und wir uns entscheiden, die nach hinten auf uns selbst gerichteten Wolfsohren zu benutzen, werden wir leiden. Wir denken dann, dass die Person nicht mit uns zusammen sein, nicht mit uns reden will: „Ich muss etwas falsch gemacht haben und deshalb liebt er mich nicht." Wir können auch die nach vorne gerichteten Wolfsohren einsetzen, in Richtung des anderen. Dann denken wir möglicherweise, das Verhalten dieser Person sei grob und dass sie ein Idiot ist, und dann werden wir wütend. Ich hoffe, wir sind in der Lage, die Giraffenohren zu verwenden. Das heißt, wenn die Person geht, behandeln wir dieses Verhalten wie jede andere Botschaft. Auch wenn die Person nicht mehr im Raum ist, versuchen wir, die Gefühle und Bedürfnisse hinter ihrer Botschaft zu erahnen. Vielleicht ist die Person verletzt und möchte, dass wir uns für ihren Schmerz öffnen. Vielleicht ist sie wütend und möchte uns dafür bestrafen, dass wir ihr nicht gegeben haben, worum sie gebeten hat. Wenn ich also mit Giraffenohren höre, ist alles, was der andere sagt, Giraffensprache. Selbst wenn er rausgeht und die Tür zuschlägt, höre ich seine Giraffenbotschaft. Ich versuche, die Bedürfnisse der anderen Person wahrzunehmen. Wenn die Person gemeine Worte zu mir sagt und ich Giraffenohren benutze, nehme ich eine Giraffenbotschaft wahr. Alles, was ich höre, sind ihre Bedürfnisse und Gefühle.

T: Vielleicht schaffe ich das nicht sofort. Wenn der Wolf geht: Kann ich am Anfang des Lernprozesses die anderen Ohren erst später verwende?

MBR: Ja, in der Übergangszeit könnte das passieren. Im Wechsel vom Wolf zur Giraffe gibt es eine Periode, in der der Wolf noch latent vorhanden ist. Das ist dann ein Wolf mit einem langen Hals. Es dauert eine Zeit, bis wir mit Giraffenohren hören, und währenddessen springen sehr schnell immer wieder die anderen Ohren, mit denen wir gewohnt sind zu hören, hervor. Es ist notwendig, dass wir zuerst ein wenig an uns selbst arbeiten, und diese Arbeit machen wir manchmal genau dort und in dem Moment.

Ich wurde erst kürzlich auf eine Art und Weise angesprochen, die mir nicht gefiel, und meine erste Reaktion war, wütend zu werden. Das war für mich ein Hinweis, dass ich mit Wolfsohren gehört hatte. Also atmete ich tief durch, prüfte, was in mir vorging, und konnte leicht zu den anderen Ohren wechseln. Das Erste, was aus meinem Mund kam, war: „Fühlst du …, weil du … brauchst?" Die andere Person schrie mich an, meine Wolfsohren kamen wieder zum Vorschein und erneut stieg Wut in mir auf. Ich atmete wieder tief durch und arbeitete an mir, wechselte zu den Giraffenohren und meine ersten Worte waren: „Fühlst du …, weil du … brauchst?" Schließlich verwandelte sich der Wolf in eine Giraffe.

Eine Frau, die das beobachtet hatte, bemerkte, dass ich jedes Mal diese Worte wiederholte: „Fühlst du …, weil du …brauchst?“ Sie sagte: „Ich habe noch nie einen Menschen gesehen, der so freundlich reagiert. Wie haben Sie das gemacht?“ Darauf antwortete ich: „Jetzt erzähle ich Ihnen, was in mir passiert ist, kurz nachdem die Person diese Dinge zu mir gesagt hat. Meine Reaktion war: Wolf, Wolf, Wolf!“ Dann erzählte ich ihr, welche Gedanken ich in meinem Kopf hatte. Als sie mir bewusst wurden, habe ich zu den Giraffenohren gewechselt, und als die zweite Botschaft bei mir ankam, war in meinem Kopf: „Ich hätte nie gedacht, dass ich so aggressiv bin!“

Mir gehen viele heftige Gedanken in großer Geschwindigkeit durch den Kopf, denn Wolfsohren verwende ich schon mein ganzes Leben, lange, bevor ich überhaupt wusste, dass es so etwas wie Giraffenohren überhaupt gibt. Ich brauche eine Weile, um mit den Giraffenohren zu hören, und bis es so weit ist, werde ich manchmal wütend, wenn auch nur für einen Moment. Und dann ist es nötig, mit dieser Wut zu arbeiten.

Eine andere Gruppe bitte.

G: Ich bin sehr traurig, wenn wir tagelang zu Hause sind und niemanden sehen.

W: Es verletzt mich, wenn du das sagst.

G: Kannst du mir sagen, was du mich hast sagen hören?

W: Du sagst etwas, das ich schon weiß, und zwar, dass du nie zufrieden sein wirst, egal was ich mache!

G: Bist du bekümmert? Ich möchte, dass du dir noch einmal anhörst, was ich gesagt habe, und mir dann sagst, was du gehört hast.

W: Ich will diese Spielchen nicht spielen.

MBR: Mir gefällt eine Sache, die die Giraffe gemacht hat. Der Wolf hat ihre Botschaft nicht richtig verstanden, also hat sie ihn gefragt: „Kannst du mir sagen, was du mich hast sagen hören?“ Der Wolf hat dann etwas wiederholt, das die andere Person nicht gesagt hat. Mir hat wirklich gefallen, dass sich die Giraffe da nicht in einen Wolf verwandelt hat, indem sie Dinge sagte wie: „Das ist nicht das, was ich gesagt habe. Du hast mich nicht verstanden.“ Wenn Menschen nicht verstehen, was wir sagen, und wir reagieren auf eine solche Weise, dann ist leicht nachvollziehbar, warum sie sich angegriffen fühlen. Ich freue mich, dass Sie den Wolf bitten, es noch einmal zu versuchen, ohne Urteile zu fällen wie: „Du hast nicht verstanden, was ich gesagt habe.“

Gibt es Fragen dazu? Dann kommen wir zur nächsten Gruppe.

G: Ich verstehe, dass du mich beim Mittagessen mit deinen Eltern gerne an deiner Seite hättest, aber ich würde lieber alleine zu Hause essen.
W: Es verletzt mich, wenn du das sagst.
G: Vielleicht habe ich mich nicht gut ausgedrückt. Kannst du mir wiederholen, was du mich hast sagen hören?
W: Ja, du hast gesagt, dass meine Bedürfnisse für dich nicht wichtig sind.
T: Die Giraffe möchte den Wolf bitten, das Gesagte erneut zu wiederholen.
MBR: Wir können einen Wolf vielleicht sogar dazu bringen, Dinge erneut zu wiederholen, wenn wir ihm die nötige Einfühlung geben. Aber wenn wir seine Bedürfnisse nicht in ausreichender Weise gehört haben, wird der Wolf wütend. Er wird sich sehr darüber ärgern, dass wir ihn immer wieder dasselbe fragen. Wenn der Wolf nicht zum Wiederholen bereit ist, sollten wir die Giraffenohren aufsetzen und versuchen zu hören, was seine Bedürfnisse und Gefühle sind. Anscheinend sind sie so stark, dass er unsere nicht hören kann.

Eine andere Situation bitte.

T: Unsere Situation ist ähnlich wie die vorherige:
G: Ich möchte die Ferien oder zumindest das Wochenende alleine verbringen.
W: Es verletzt mich, wenn du das sagst.
G: Kannst du mir sagen, was du mich hast sagen hören?
W: Du erzählst mir nichts Neues. Du sagst, du machst wie immer, was du willst.
G: Ich möchte, dass du mir sagst, was du mich hast sagen hören.
W: Ich bin nicht dumm. Ich habe genau gehört, was du gesagt hast.
G: Ich möchte, dass du mir noch einmal sagst, was du mich hast sagen hören, bevor du etwas anderes sagst.

(Der Wolf geht aus dem Zimmer und knallt die Tür zu.)

T: An diesem Punkt haben wir die Giraffenohren benutzt und angenommen, dass der Wolf sich traurig, verletzt, verzweifelt und allein fühlte, weil er mehr Aufmerksamkeit brauchte.
MBR: Ich bin froh, dass die Giraffe daran gedacht hat, mit ihren Ohren zu hören, denn das ist ein Beispiel für das, von dem ich vorhin gesprochen habe.

3.6 Dankbarkeit

MBR: Wenden wir uns nun der Dankbarkeit zu: Wenn wir als Menschen Giraffensprache sprechen, werden wir niemals „danke“ sagen, um jemanden dazu zu bringen, härter zu arbeiten. Und wir werden auch nicht „danke“ sagen, um den anderen dazu anzuregen, uns im Gegenzug ebenfalls etwas Nettes zu sagen. „Danke“ sagen wir nur, um die andere Person zu beschenken. Wir brauchen keine Gegenleistung, wir bedanken uns einfach. Wir wollen dem anderen gegenüber drei Dinge klar zum Ausdruck bringen. Doch manchmal ist die Giraffe faul und sagt „danke“ – und das war’s. Jeder von uns ist manchmal eine faule Giraffe. Aber einige Dinge, die der andere getan hat, haben uns sehr berührt, haben unser Leben wirklich bereichert. Deshalb würden wir gerne ausdrücken können, wie wichtig das, was der andere getan hat, für uns war und wie sehr es uns bereichert hat.

Wenn wir in Gewaltfreier Kommunikation „danke“ sagen, wollen wir erstens deutlich machen, was die andere Person getan hat, für das wir dankbar sind. Beim Ausdruck von Wertschätzung in der GFK möchten wir, zweitens, der anderen Person sagen, wie wir uns fühlten, als sie getan hat, was sie tat. In den vorherigen Übungen haben wir bereits über Gefühle gesprochen, aber bisher ging es darum, was wir fühlen, wenn unsere Bedürfnisse nicht erfüllt sind.

Ein Mann wollte einmal mir gegenüber seine Wertschätzung zum Ausdruck bringen, aber er sprach Wolfssprache und sagte deshalb Folgendes: „Bravo! Sie sind brillant!“ Darauf ich: „Was meinen Sie? Man hat mich in meinem Leben schon vieles genannt, Positives wie Negatives. Ich habe aber nie etwas daraus gelernt, wenn man mir sagt, wie oder was ich bin. Wenn ich Ihnen in die Augen schaue, weiß ich, Sie wollen sich bei mir bedanken.“

W: Ja.

MBR: Können Sie mir dann sagen, was ich getan habe, um Ihr Leben schöner zu machen?

Wenn wir „danke“ sagen, beschreiben wir als Erstes, was der andere genau getan hat, um unser Leben schöner zu machen. Als ich diesen Mann bat, das zu versuchen, sagte er: „O.k., Sie sind so intelligent!“ „Sie sagen mir immer noch, was ich bin, aber nicht, was ich getan habe.“ Das war für diesen Mann sehr schwierig. Als es ihm schließlich doch gelang, teilte er mir mit, wie froh er sei, dass ich ihn gefragt habe. Ihm sei so noch klarer, was ich für ihn getan hätte. Er schlug das Notizbuch auf, das er bei sich trug, und sagte: „Sie haben diese beiden Dinge gesagt." Zwei meiner Aussagen waren dort mit einer Markierung versehen. Auf diese Weise konnte ich mehr Wertschätzung empfangen, denn statt einer vagen Verallgemeinerung, wie „Sie sind brillant" oder „Sie sind intelligent", sagte er mir nun ganz klar, was ich genau getan hatte, das ihm gefiel.

Wenn wir ein Dankeschön in Giraffensprache ausdrücken, benennen wir zweitens das Gefühl, das wir spürten, als unser Bedürfnis erfüllt wurde. Das dritte Element ist das Bedürfnis, welches von der anderen Person erfüllt wurde. Kommen wir zurück zu dem Mann von eben, der nun seine Wertschätzung in Giraffensprache zum Ausdruck bringt: „Marshall, als Sie die beiden Dinge sagten, die ich in mein Notizbuch geschrieben habe, fühlte ich mich voller Zuversicht und Hoffnung und auch erleichtert, denn ich brauchte Orientierung, wie ich mit meiner Frau in Kontakt kommen kann. Und was Sie sagten, gab mir Hinweise." Jetzt konnte ich alle drei Dinge wahrnehmen:

1. Was ich getan hatte,
2. wie sich die Person fühlte und
3. welche Bedürfnisse für sie erfüllt wurden.

Nun möchte ich, dass jeder von Ihnen die Möglichkeit hat, seine Dankbarkeit in GFK mitzuteilen. Denken Sie an jemanden, der Ihr Leben besser gemacht hat. Ob er etwas Kleines oder etwas Großes getan hat, spielt keine Rolle, denn in Giraffensprache wollen wir unseren Dank sowohl für kleine als auch für große Dinge ausdrücken können. Schreiben Sie auf, was Sie dieser Person sagen möchten, und versuchen Sie dabei, die drei Punkte deutlich zu machen: Was sie getan hat, wie Sie sich gefühlt haben und welche Bedürfnisse für Sie erfüllt wurden.

MBR: Schauen wir uns nun ebenfalls an, wie die Giraffe Wertschätzung empfängt, denn es ist nicht nur wichtig zu wissen, wie man Dank ausdrückt, sondern auch, wie man ihn entgegennimmt. Das ist wahrscheinlich eine der schwierigsten Dinge in der Giraffensprache. Wir werden versuchen, die Gründe dafür besser zu verstehen.

Ich möchte, dass einige von Ihnen Ihr Dankeschön an die Giraffe vorlesen. Sie müssen sich nicht um „perfekte GFK" kümmern, denn die Person, die diese Nachricht erhält, ist eine Giraffe. Falls diese drei Punkte also nicht klar sein sollten, wird sie Ihnen helfen, sie zu klären.

T: Marshall, als Sie sagten, ich könne andere nicht dazu bringen, sich gut oder schlecht zu fühlen und andere können das auch nicht bei mir bewirken, fühlte ich mich von Schuldgefühlen befreit, und das gab mir die Freiheit, ich selbst zu sein.

MBR: Mal sehen, wie ich diese Wertschätzung entgegennehme. Als Wolf würde ich sagen: „Aber das ist doch nichts!" Haben Sie das schon mal von einem Wolf gehört? Wie würde ein italienischer Wolf es sagen?

T: Non è niente (das ist nichts)! Habe ich das wirklich alles für Sie getan?

MBR: Ein französischer Wolf würde „De rien", ein englischer „Nothing" und ein spanischer „De nada" sagen. Mein Favorit ist das schwedische „Ash". Warum hat der Wolf solche Angst, ein Dankeschön zu hören? Weil er bezweifelt, dass er es verdient hat. Wölfe tragen an dieser schrecklichen Bürde. Sie glauben, dass Dinge verdient werden müssen, weil sie keine Vorstellung vom Geben und Nehmen haben. Alles muss gekauft und verkauft werden. Also muss man quantifizieren, wie viel man verdient. Ein Dankeschön wissen sie nie zu schätzen. Sie glauben, dass sie es nicht verdienen oder dass sie beweisen müssen, dass sie es verdienen. Es ist sehr traurig, dass sie nicht einfach wertschätzen und sehen können, wie sie zum Wohlbefinden des anderen beigetragen haben. Wölfe haben auch ein falsches Verständnis von Bescheidenheit. Sie glauben, dass man bescheiden sein sollte, aber es ist immer ein Wolfsbegriff von Bescheidenheit, im Sinne von: „Je bescheidener man ist, desto besser ist man." Premierministerin Golda Meir sagte einmal zu einem Mitglied ihrer Regierung, das diese Art von falscher Demut an den Tag legte: „Seien Sie nicht so bescheiden, so wichtig sind Sie nicht!"

Wie empfange ich diese Wertschätzung, wenn ich eine Giraffe bin? Möglicherweise möchte ich das Gesagte wiederholen, um sicherzugehen, dass ich die drei Punkte auch verstanden habe. „Als ich sagte, wir können die Menschen nicht dazu bringen, sich auf eine bestimmte Art und Weise zu fühlen, und andere Menschen können das auch nicht mit uns tun, da haben Sie ein großes Gefühl der Erleichterung verspürt, weil Sie sich wirklich gerne frei fühlen möchten und nicht für die Gefühle anderer Menschen verantwortlich sein wollen. Wollen Sie sich davon befreien, weil Sie gerne aus einer anderen Motivation heraus etwas beitragen möchten?" Das ist das Erste, was ich als Giraffe tue, wenn ich eine Wertschätzung erhalte. Ich möchte zuallererst sicher sein, dass ich diese drei Punkte verstanden habe.

Der zweite Punkt ist, die uns allen zur Verfügung stehende Macht, das Leben zu bereichern, in uns aufzunehmen und zu feiern: Das Wunder, dass jeder von uns Dinge sagen und tun kann, die das Leben für andere besser machen können. Wenn wir also Wertschätzung erhalten, nehmen wir das Wunder dieser Macht, die wir haben und geben, an. Wir sagen nicht: „Wie großartig ich doch bin!", denn das wäre Wolfssprache. Wir versuchen nicht, auf eine falsche Weise bescheiden zu sein, sondern wir würdigen diese uns allen zugängliche Macht, das Leben der anderen zu bereichern. Wenn wir das wirklich in uns aufgenommen haben, dann können wir vielleicht ein Wort des Dankes sagen.

Alle Giraffen tanzen oder fliegen, wenn sie diese Botschaft erhalten, denn als Mensch kann man keine Wertschätzung empfangen, ohne zu tanzen oder zu fliegen.

Wer hat noch ein Dankeschön an eine Giraffe zu vergeben?

T: Ich möchte mich besonders bei der Wolfspuppe und der Giraffenpuppe bedanken, weil sie meiner Meinung nach mit ihrer Mimik vieles von dem, was wir in diesen Tagen gehört haben, so vereinfacht haben, dass ich regelrecht gerührt war. Am Ende fühlte ich mich auch sehr miteinbezogen und erleichtert.

MBR: Sie sind also dankbar, weil Sie diese Prinzipien lernen wollten und die spielerische Art und Weise das Lernen für Sie angenehmer gemacht hat? Ist es das, was Sie mitteilen wollten?

In Schweden gab es mal auf der Titelseite eines Magazins ein Foto von mir. Während man die Puppen sehr gut sehen konnte, sah man von mir nur den Hinterkopf. Ich muss zugeben, ich fühlte mich ein bisschen unbehaglich. Ich sagte: „Ich fühle mich ein wenig traurig. Ich hätte mir gewünscht, dass man auch mein Gesicht sieht." Da hat mir der Wolf zugeflüstert: „Pass mal auf, bevor wir gekommen sind, gab es nirgendwo ein Bild von dir!"

T: Ich hatte eine gute Zeit mit Ihnen während dieser gemeinsamen Tage. Ich fühle mich glücklich, zufrieden und dankbar und ich bin froh, dass andere Menschen Ihr Modell lernen konnten.

T: Ich möchte mich bei Marshall dafür bedanken, dass er mir eine Alternative gezeigt hat, mit anderen zu kommunizieren. Im Verlauf des Seminars war es manchmal schmerzhaft für mich, meinen inneren Wölfen zu begegnen, aber ich habe mich auch erleichtert gefühlt, weil ich nicht verurteilt wurde.

MBR: Das bedeutet, Sie wollen es schaffen, wirklich alle Teile von sich selbst zu erforschen, auch den Teil, den ich Wolf genannt habe? Sind Sie dankbar, dass Sie all das in einer Umgebung erkunden konnten, in der Sie sich sicher fühlten? Niemand hat sich Ihnen gegenüber wie ein Wolf verhalten, weil Sie innere Wölfe haben?

Gibt es noch etwas, das Sie ausdrücken möchten?

T: Für das nächste Mal wünschen wir uns einen dreitägigen Workshop.

MBR: Ich würde mich über eine Einladung freuen, und ich hoffe, dass Sie diese Art von Anfragen an Vilma richten. Dann werden wir sehen, wann wir es organisieren können.

T: Menschen, denen ich diese Art von Sprache erklärt habe, haben folgenden Einwand vorgebracht. Sie sagen, es sei dem Tier gegenüber sehr wölfisch, die Sprache „Wolfssprache“ zu nennen.

MBR: Einmal bat mich eine Frau, an der Beziehung zu ihrem Mann zu arbeiten. Es war nicht das erste Mal, und ich bewunderte die Energie dieser Frau, weiterhin am Ball zu bleiben. Ich fühlte mich leicht, ich hatte Lust zu spielen und so sagte ich zu ihr: „Bist du es nicht leid, an diesem Wolf zu arbeiten?“ Später fragte ich mich, wie ich auf dieses Wort gekommen war, ich hatte es noch nie benutzt. Ich wusste nicht einmal, was ein Wolf ist, aber im Englischen hat das Wort einen lustigen Klang: *Jackal*[1]. Kaum hatte ich das gesagt, lachte sie und sagte, das sei das Lustigste, das sie je gehört habe. Sie fügte hinzu: „Du hast ja so recht, genau das ist er. Er ist wirklich ein Wolf.“ Ich verstand nicht, was daran so lustig war, aber an jenem Tag fragte ich in einer Gruppe, die ich leitete, ob jemand einen Wolf kenne. Alle antworteten mit Ja und listeten ihre Wölfe gleich auf: den Ehemann, die Schwiegermutter, den Arbeitgeber. Seitdem ist der Wolf zum Symbol geworden. Später schenkte mir eine Frau die Wolfspuppe, und um die Darstellung wirkungsvoller zu machen, brauchte es ein Pendant. Da fiel meine Wahl auf die Giraffe.

1 Im Englischen wird in der GFK mit dem Schakal (Jakal) gearbeitet, nicht mit dem Wolf. Im deutschen Sprachraum hingegen wurde diese Figur als „Wolf“ eingeführt und wird bis heute so genannt.

Serben und Kroaten mögen Wölfe, deshalb wollten sie das Wolfssymbol nicht verwenden, sondern entschieden sich für Schlangen und Schlangenbotschaften. Deswegen habe ich ihnen Schlangenohren gezeigt. Ich wollte mit den Ohren spielen, aber Schlangen haben keine, also habe ich eine Lüge erzählt und behauptet, Schlangen hätten Ohren. Und irgendjemand hat Anstecknadeln ausfindig gemacht mit der englischsprachigen Aufschrift „I love my snake". Am nächsten Tag hatten alle diese Anstecker.

An dem Punkt war ich zuversichtlich, dass sie schnell lernen würden, warum es wichtig ist, diese Botschaften in uns zu lieben und sich bewusst darüber zu sein, dass es Versuche sind, uns etwas sehr Wichtiges mitzuteilen. Je mehr wir sie lieben, desto schneller werden wir sie in Giraffenbotschaften verwandeln. Vielleicht sollten wir Anstecker tragen, auf denen steht „Ich liebe meinen Wolf".

T: Ich möchte mich bei Marshall bedanken, weil er mir sehr dabei geholfen hat zu erkennen, was meine Gefühle und meine Wölfe sind. Er hat mir gezeigt, wie ich sie verstehen, und auch, wie ich reagieren kann, um einen Weg zu finden, meine Bedürfnisse zu erkennen. Ich bin sehr zufrieden.

MBR: Ihre Zufriedenheit hängt also damit zusammen, dass Sie gelernt haben, die Wolfssprache zu interpretieren, um mit Ihren Bedürfnissen in Kontakt zu kommen? Ich freue mich, dass Sie in der Lage sind, zu sehen, welche zusätzliche Kraft Sie haben, wenn Sie in Kontakt mit Ihren Bedürfnissen sind. Diese sind nämlich mit einer Energie verbunden, die uns unsere Beziehung zu allen anderen Menschen und Dingen bewusst macht, und selbst die geringste Aufmerksamkeit dafür gibt uns Kraft.

Ich bin glücklich und dankbar für die Zeit, die Sie mir geschenkt haben. Für mich ist es eine große Freude zu sehen, wie gut die Giraffensprache (GFK) funktioniert, wie sie das Leben der Menschen verbessert und wie sie sich ausbreitet. Ich bin Vilma und all denen dankbar, die dies möglich machen.

Anhang: Über Gewaltfreie Kommunikation

Wie Sie den GFK-Prozess anwenden können	
Ehrlich ausdrücken, **wie es mir geht**, ohne zu beschuldigen oder zu kritisieren.	Empathisch aufnehmen, **wie es dir geht**, ohne Beschuldigungen oder Kritik zu hören.
Beobachtungen	
1. Was ich beobachte *(sehe, höre, an was ich mich erinnere, was ich mir vorstelle, frei von meinen Bewertungen)*, das zu meinem Wohlbefinden beiträgt oder nicht: *„Wenn ich sehe, höre …“*	1. Was du beobachtest *(siehst, hörst, an was du dich erinnerst, was du dir vorstellst, frei von deinen Bewertungen)*, das zu deinem Wohlbefinden beiträgt oder nicht: *„Wenn du siehst/hörst …“* (Wird beim Anbieten von Empathie manchmal weggelassen.)
Gefühle	
2. Wie ich mich fühle *(Emotionen oder Empfindungen statt Gedanken)* in Beziehung zu dem, was ich beobachte: *„… fühle ich …“*	2. Wie du dich fühlst *(Emotionen oder Empfindungen statt Gedanken)* in Beziehung zu dem, was du beobachtest: *„… fühlst du …“*
Bedürfnisse	
3. Was ich brauche oder schätze *(statt einer Präferenz oder einer spezifischen Handlung)*, das meine Gefühle verursacht: *„… weil ich brauche/mir wichtig ist …“*	3. Was du brauchst oder schätzt *(statt einer Präferenz oder einer spezifischen Handlung)*, das deine Gefühle verursacht: *„… weil du brauchst/dir wichtig ist …“*

Klar um etwas bitten, das **mein** Leben bereichern würde, ohne zu fordern.	Empathisch aufnehmen, was **dein** Leben bereichern würde, ohne irgendeine Forderung zu hören.
Bitten	
4. Die konkreten Handlungen, von denen ich mir wünsche, dass sie in die Tat umgesetzt werden: *„Wärest du bereit, zu …?“* *„Und würdest du bitte …“*	4. Die konkreten Handlungen, von denen du dir wünschst, dass sie geschehen: *„Würdest du gern …?“* (Wird beim Anbieten von Empathie manchmal weggelassen.)

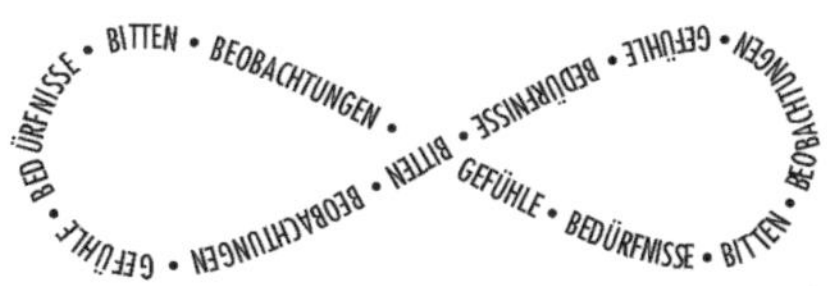

Grundlegende Gefühle, die wir alle haben

Gefühle, die auftreten, wenn Bedürfnisse erfüllt sind

angeregt, bewegt, dankbar, energiegeladen, erfreut, erfüllt, erleichtert, erstaunt, fasziniert, fröhlich, gerührt, hoffnungsvoll, inspiriert, optimistisch, stolz, vertrauensvoll, wohl, zuversichtlich

Gefühle, die auftreten, wenn Bedürfnisse nicht erfüllt sind

bekümmert, besorgt, einsam, entmutigt, enttäuscht, frustriert, gereizt, hilflos, hoffnungslos, nervös, traurig, unbehaglich, ungeduldig, verärgert, verlegen, verwirrt, widerwillig, wütend

Grundlegende Bedürfnisse, die wir alle haben

Autonomie

- Träume / Ziele / Werte wählen
- Pläne für die Erfüllung der eigenen Träume / Ziele / Werte entwickeln

Feiern

- die Entstehung des Lebens und die Erfüllung von Träumen feiern
- Verluste feierlich begehen: von geliebten Menschen, Träumen usw. (trauern)

Integrität

- Authentizität
- Kreativität
- Sinn
- Selbstwert

Interdependenz

- Akzeptanz
- Wertschätzung
- Nähe

- Gemeinschaft
- Rücksichtnahme
- zur Bereicherung des Lebens beitragen
- emotionale Sicherheit
- Empathie
- Ehrlichkeit (gemeint ist die Ehrlichkeit, die uns die Kraft gibt, aus unseren Schwächen zu lernen)
- Liebe
- Geborgenheit
- Respekt
- Unterstützung
- Vertrauen
- Verständnis
- Zugehörigkeit

Nähren der physischen Existenz

- Luft
- Nahrung
- Bewegung, Körpertraining
- Schutz vor lebensbedrohenden Lebensformen: Viren, Bakterien, Insekten, Raubtieren
- Ruhe
- Sexualleben
- Unterkunft
- Körperkontakt
- Wasser

Spiel

- Freude
- Lachen

Spirituelle Verbundenheit

- Schönheit
- Harmonie
- Inspiration
- Ordnung (im Sinn von Struktur / Klarheit)
- Frieden

Gewaltfreie Kommunikation

Vom Schlafzimmer bis zum Sitzungssaal, vom Klassenzimmer bis zum Kriegsgebiet: GFK verändert jeden Tag das Leben von Menschen. Sie ist eine leicht zugängliche, effektive Methode, um friedlich an die Wurzeln von Gewalt und Verletzung zu gelangen. Indem GFK sich den nicht erfüllten Bedürfnissen hinter unseren Handlungen und Aussagen zuwendet, trägt sie dazu bei, Feindseligkeiten zu reduzieren, Verletzungen wiedergutzumachen und berufliche wie private Beziehungen zu kräftigen. Mittlerweile wird GFK weltweit in Firmen, Schulen, Gefängnissen und Mediationszentren gelehrt. Und sie bewirkt kulturelle Paradigmenwechsel dort, wo Institutionen, Firmen und Regierungen das Bewusstsein der GFK in ihre Strukturen und ihren Führungsstil integrieren.

Die meisten von uns sehnen sich danach, in der Lage zu sein, die Qualität unserer Beziehungen zu verbessern, unseren Sinn für die eigenen Fähigkeiten zu stärken oder einfach effektiver zu kommunizieren. Leider werden die meisten von uns aber auch von Geburt an dazu erzogen, sich im Wettbewerb gegen andere zu behaupten, sie zu beurteilen, zu beanspruchen und zu diagnostizieren; in Begriffen von „Richtig“ und „Falsch“ über Menschen zu denken und zu kommunizieren. Im besten Falle behindern diese gewohnten Denk- und Sprachmuster die Kommunikation und erzeugen Missverständnisse oder Frustration. Sie können aber auch, schlimmer noch, Wut und Verletztheit hervorrufen und zu Gewalt führen. So erzeugen selbst Menschen mit den besten Absichten gegen ihren Willen überflüssige Konflikte.

GFK hilft uns dabei, unter die Oberfläche zu kommen und zu entdecken, was in uns lebendig ist, und dass all unsere Handlungen auf menschlichen Bedürfnissen basieren, die wir uns zu erfüllen trachten. Mit ihr lernen wir ein Vokabular für Gefühle und Bedürfnisse zu entwickeln, mit dessen Hilfe wir klarer ausdrücken können, was in uns in jedem beliebigen Augenblick vorgeht. Wenn wir unsere Bedürfnisse verstehen und anerkennen, entwickeln wir eine gemeinsame Grundlage für weitaus befriedigendere Beziehungen. Schließen auch Sie sich den Tausenden von Menschen auf der ganzen Welt an, die mit diesem einfachen, aber revolutionären Prozess ihre Beziehungen und ihr Leben verbessert haben.

Über das Center for Nonviolent Communication

Das Center for Nonviolent Communication (CNVC) ist eine internationale, gemeinnützige, Frieden stiftende Organisation, deren Vision eine Welt ist, in der die Bedürfnisse aller Menschen auf friedliche Weise erfüllt werden. Das CNVC widmet sich der Verbreitung der GFK auf der ganzen Welt.

Seit seiner Gründung durch Marshall B. Rosenberg im Jahre 1984 trägt das CNVC zu einem umfassenden Wandel des Denkens, Sprechens und Handelns bei – es zeigt Menschen, wie sie miteinander auf eine Weise in Verbindung treten können, die mitfühlende Ergebnisse hervorbringt. Inzwischen wird die GFK weltweit in Gemeinden, Schulen, Gefängnissen, Mediationszentren, Kirchen, Unternehmen, auf Kongressen und in vielen anderen Kontexten gelehrt. In mehr als 60 Ländern unterrichten Hunderte von zertifizierten Trainerinnen und Trainern jedes Jahr Tausende von Menschen in GFK.

Das CNVC ist davon überzeugt, dass GFK-Training ein wesentlicher Schritt zum nachhaltigen Aufbau einer einfühlsamen, friedlichen Gesellschaft ist. Ihre Spende kann dazu beitragen, GFK-Trainings in den ärmsten und gewalttätigsten Regionen der Welt anzubieten. Sie wird darüber hinaus die Entwicklung und Fortführung organisierter Projekte unterstützen, welche die GFK in die Gegenden und zu den Bevölkerungsschichten bringen wollen, die sie dringend benötigen. Für eine Spende und Näheres zu den nachfolgend genannten weiteren Aspekten der Arbeit des CNVC besuchen Sie bitte die Website ↗ http://www.cnvc.org.

THE CENTER FOR NONVIOLENT COMMUNICATION

9301 Indian School Rd., NE, Suite 204, Albuquerque, NM 87112-2861, USA
Tel.: 01-505-244-4041
Fax: 01-505-247-0414
E-Mail: cnvc@cnvc.org
Website: http://www.cnvc.org

Über den Autor

Dr. Marshall B. Rosenberg (1934–2015) ist Begründer des Center for Nonviolent Communication (CNVC), dessen Trainingsbereich er über lange Jahre leitete.

Rosenberg hat mehr als 15 Bücher geschrieben und wurde für seine GFK-Arbeit mit zahlreichen internationalen Preisen ausgezeichnet.

Rosenberg setzte die GFK zunächst in den 1960er-Jahren in Projekten ein, die der Mediation und Vermittlung von Kommunikationsfähigkeiten dienten. Sie wurden damals von der US-Regierung gefördert. 1984 gründete er das Center for Nonviolent Communication (CNVC). Seither hat sich das CNVC zu einer internationalen gemeinnützigen Organisation mit Hunderten zertifizierter Trainerinnen und Trainer entwickelt, die in über 60 Ländern weltweit GFK lehren.

Marshall Rosenberg war ein gefragter Redner, Friedensverhandler und eine visionäre Führungsfigur. Er hat weltweit Workshops und Intensivtrainings für Zehntausende von Menschen abgehalten und darüber hinaus Trainingsangebote und Programme zur Förderung des Friedens in Kriegsgebieten wie Nigeria, Sierra Leone und dem Nahen Osten entwickelt. Unermüdlich hat er mit Erzieherinnen und Erziehern, Managern, Krankenschwestern, Anwälten, Soldaten, Gefangenen, Polizisten und Gefängniswärtern, Regierungsvertretern und einzelnen Familien gearbeitet. Mit seiner Gitarre, seinen Handpuppen und einer spirituellen Energie, die den Raum erfüllen konnte, hat Marshall Rosenberg uns den Weg zu einer friedlicheren und zufriedeneren Welt gewiesen.

Über Vilma Costetti und das Centro Esserci

Vilma Costetti (1950–2013) war die erste und über längere Zeit auch einzige vom CNVC zertifizierte Trainerin für Gewaltfreie Kommunikation in Italien. Von 1989–2001 lud sie Marshall Rosenberg ein- bis zweimal jährlich zu Seminaren ein. Nach ihrer CNVC-Zertifizierung Anfang der 1990er-Jahre verbreitete sie die Gewaltfreie Kommunikation als Trainerin in Italien und beteiligte sich auch am französischsprachigen GFK-Netzwerk.

1991 gründete Vilma Costetti das Centro Esserci und 2003 den Verlag Edizioni Esserci, in dem als erstes Buch die italienische Ausgabe von *Gewaltfreie Kommunikation – eine Sprache des Lebens* von Marshall Rosenberg erschien. Schritt für Schritt erweiterte sie das Verlagsprogramm. Es erschienen weitere Titel von Marshall Rosenberg, aber auch Bücher von Thomas D'Ansembourg, Lucy Leu, Sylvia Haskvitz u.a. Sie verlegte zudem italienische Autoren, mit besonderem Augenmerk auf den Bereich Erziehung, Politik und Gesellschaft. Vilma Costetti verfasste ebenfalls eigene Bücher, teils mit Co-Autoren und in der Zusammenarbeit mit Illustratoren.

Aktuell hat die Edizioni Esserci ca. 90 italienischsprachige Bücher im Programm und ca. 40 Titel in französischer und englischer Übersetzung; insgesamt also etwa 130 Titel.

Seit 2013 werden das Centro Esserci und der Verlag von Vilma Costettis Tochter weitergeführt.

Gewaltfreie Kommunikation im deutschsprachigen Raum

Mittlerweile hat sich die GFK so stark verbreitet, dass es nicht mehr möglich ist, alle GFK-TrainerInnen aktuell hier im Buch aufzulisten. Da hilft uns das Internet, das zahllose Möglichkeiten bietet, die GFK nah und fern zu finden. Wir hoffen, dass auch Sie hier bei Bedarf fündig werden.

Auf diesen überregionalen Internetseiten können Sie sich neutral über die Gewaltfreie Kommunikation informieren:

↗ http://www.CNVC.org

Die Seite des Center for Nonviolent Communication in den USA (ursprünglich von Marshall B. Rosenberg gegründet) informiert international über CNVC-zertifizierte GFK-TrainerInnen, Weiterbildungsmöglichkeiten und über weltweite GFK-Projekte.

↗ http://www.gewaltfrei.de

Eine neutral informierende Seite, die GFK-TrainerInnen aus Deutschland, Österreich und der Schweiz umfassend auflistet. Sie finden auch Seminar- und Ausbildungsangebote. Weiterhin werden hier überregionale GFK-Seiten sowie regionale GFK-Vereine und lokale Übungsgruppen aufgelistet. Sie können über diese Seite auch GFK-Bücher und -Materialien bestellen.

↗ http://www.gewaltfrei-dach.eu

Der Dachverein veranstaltet GFK-Seminare und -konferenzen, informiert über GFK-Zentren sowie über GFK-Projekte und bietet Finanzierungsmöglichkeiten für solche Projekte an. Ebenso wird auf die CNVC-Zertifizierung für GFK-TrainerInnen auf der Webseite unter Mitglieder / Kreis der AssessorInnen hingewiesen. Neu ist das dazugehörige Veranstaltungsportal ↗ http://www.gewaltfrei-info.eu., auf dem Sie GFK-Veranstaltungen aller Art finden können.

↗ http://www.fachverband-gfk.org

Der Fachverband bietet eine Qualitätssicherung der Weitergabe der GFK in Form einer Anerkennung für GFK-TrainerInnen an. Alle Infos dazu auf der Webseite. Weitere Schwerpunkte sind die Vernetzung der TrainerInnen untereinander und das Erschließen neuer Zielgruppen für die GFK. Es werden regelmäßig GFK-Fachkonferenzen veranstaltet.

↗ http://www.gewaltfrei.at

Hier können Sie sich über die zahlreichen GFK-Aktivitäten in Österreich umfassend informieren; ebenso über die Zertifizierungs- und Anerkennungsmöglichkeiten als GFK-TrainerInnen des CNVC und des Fachverbands Gewaltfreie Kommunikation.